Gerd Frank

TOTMACHER

6

Gerd Frank

TOTMACHER 6

Das Monster der Anden
und andere unheimliche Kriminalfälle
lateinamerikanischer Serienmörder

(1880–2014)

Mit einem Nachwort von Michael Kirchschlager

KIRCHSCHLAGER

Bereits erschienen:

Totmacher 1 – Der Vampir von Nürnberg und andere unheimliche Kriminalfälle deutscher Serienmörder (1945–1977), Arnstadt 2014

Totmacher 2 – Massenmord ohne Leichen und andere unheimliche Kriminalfälle europäischer Serienmörder (1910–1987), Arnstadt 2014

Totmacher 3 – Kolja der Menschenfresser und andere unheimliche Kriminalfälle russischer Serienmörder (1921–2012), Arnstadt 2015

Totmacher 4 – Die Kobra von Henan und andere unheimliche Kriminalfälle asiatischer Serienmörder (1906–2012), Arnstadt 2015

Totmacher 5 – Das Massaker am Cielo Drive und andere unheimliche Kriminalfälle US-amerikanischer Serienmörder (1894–1998), Arnstadt 2015

Besuchen Sie uns im Internet bei
www.Verlag-Kirchschlager.de

INHALTSVERZEICHNIS

MEXIKO

Der mexikanische Ripper 9

Die Kinderzerstücklerin von Mexiko-Stadt 18

Der Würger von Tacuba 25

Das Bordell der Hölle 35

GUATEMALA

Die Bestie von Guatemala 44

EL SALVADOR

Tavo der Bandenchef 49

KOLUMBIEN

Das Monster der Anden. 54

Das Tier 61

PERU

Der Apostel des Todes 71

ECUADOR

Die Bestie vom Mangrovenwald . 81

Ein fünfzehnjähriger Serienmörder 90

BOLIVIEN

Der Mörder von Sucre. 95

CHILE

Der Schakal von Nahueltoro . . 101

Die Killer von Viña del Mar . . . 107

Der Mörder von Alto Hospicio . 113

BRASILIEN

Pedrinho der Totschläger 119

Die Bestie von Maranhão 128

Der Verrückte mit dem Fahrrad . 134

Der Vampir von Niteroi 140

Mord im Park 145

Mord aus Spaß 153

Der Mörder mit dem sanften Blick 158

URUGUAY

Ein Diplomatensohn als Serienmörder 162

ARGENTINIEN

Die Zwergfledermaus von Buenos Aires 166

Der schwarze Engel 179

Das Raubtier von San Isidro. . . 185

Quellen und Literatur 191

Nachwort 196

ZUM AUTOR

Gerd Frank, 1944 in Regensburg geboren, in Landshut und München aufgewachsen, war zunächst als Beamter im Gehobenen Nichttechnischen Verwaltungsdienst tätig, bis er Germanistik, Geschichte und Romanistik in München studierte. Heute ist er pensionierter Oberstudienrat, in zweiter Ehe verheiratet und hat sechs Kinder.

Seit Jahren schon beschäftigt er sich intensiv mit Literatur und Geschichte Mittel- und Südamerikas, des Vorderen Orients sowie des Fernen Ostens. Von ihm wurden bisher zahlreiche Kurzgeschichten und Bücher veröffentlicht, darunter auch die Übersetzungen historischer Kriminalromane des erfolgreichen französischen Schriftstellers Frédéric Lenormand. Im Verlag Kirchschlager erschienen 2014 *Totmacher 1 – Der Vampir von Nürnberg und andere unheimliche Kriminalfälle deutscher Serienmörder; Totmacher 2 – Massenmord ohne Leichen und andere unheimliche Kriminalfälle europäischer Serienmörder* sowie 2015 *Totmacher 3 – Kolja der Menschenfresser und andere unheimliche Kriminalfälle russischer Serienmörder, Totmacher 4 – Die Kobra von Henan und andere unheimliche Kriminalfälle asiatischer Serienmörder* sowie *Totmacher 5 – Das Massaker am Cielo Drive und andere unheimliche Kriminalfälle US-amerikanischer Serienmörder.*

Bemerkungen zur geographischen Konzeption dieses Auswahlbandes

Die Reihe *Totmacher* will authentische Mordfälle aus aller Welt vorstellen. Während Band 1 lediglich Fälle aus Deutschland zum Inhalt hatte, bezog Band 2 solche aus anderen europäischen Ländern ein. Band 3 legte den Schwerpunkt auf Rußland, Band 4 auf Asien und in Band 5 lag der Fokus auf den USA.

Auch für Band 6 bin ich bei der Auswahl bemüht gewesen, je nach Materiallage, möglichst flächendeckend vorzugehen. Ich habe deshalb den Raum Mittelamerika mit Mexiko, Guatemala und El Salvador abgedeckt; Südamerika ist durch Kolumbien, Peru, Ecuador, Bolivien, Chile, Brasilien, Uruguay und Argentinien vertreten.

DER MEXIKANISCHE RIPPER

Der Fall Francisco Guerrero Pérez (1880–1908)

»Wenn er seine Opfer vergewaltigte, dann tat er dies, um Überlegenheit und Macht zu demonstrieren.«

Francisco Guerrero Pérez, genannt »El Chalequero« (»Der Westenträger«), gilt als erster Serienmörder Mexikos, obwohl dies eigentlich Felipe Espinosa gewesen ist. Er hat in Mexiko-Stadt zwischen 1880 und 1888 20 Prostituierte ermordet, das Verbrechen im Jahre 1908 nicht mitgerechnet, bei dem es sich um eine alte Frau gehandelt hat. Weil seine Untaten etwa zeitgleich zu denen Jack the Rippers in London begangen worden sind, wurde er gelegentlich auch als »Ripper Mexicano« (»Mexikanischer Ripper«) oder »Degollador del Río Consulado« (»Halsaufschlitzer vom Consulado-Fluß«) bezeichnet.

Francisco Guerrero war das elfte Kind einer in Armut lebenden Familie und wurde 1840 geboren. Seine Kindheit war von Verzicht, Schlägen seitens der Mutter und häufiger Abwesenheit des Vaters geprägt. Im Jahre 1862, im Alter von 22 Jahren, ging er nach Mexiko-Stadt, wo er als Schuhmacher zu arbeiten begann.

Obwohl er mit einer gewissen María verheiratet und Vater vieler Kinder war, unterhielt er zahlreiche Liebschaften, was ihm auch den Beinamen »Barba Azul de México« (»Blaubart von Mexiko«)* einbrachte. Schließlich verfügte er über einen ganzen Harem, der ihm in sexueller Hinsicht zur Verfügung stand, weshalb er gerüchtehalber auch als Zuhälter aufgetreten sein soll. Kurioserweise bezeichnete er sich als »frommen Katholiken«, der an die Jungfrau von Guadalupe glaubte. Und er erzählte oft und gern, daß er in seiner Jugend als Küster für die Kirche tätig gewesen sei.

Guerrero wohnte im Peralvillo-Viertel. Jeder wußte über ihn Bescheid, doch kein Mensch zeigte ihn an; alle hatten Angst vor ihm. Guerrero liebte ausgefallene Kleidung, legte aber Wert auf elegantes Aussehen. Mit Vorliebe trug er enggeschnittene Kaschmirhosen, blankgeputzte Schuhe, bunte Jacken oder Westen und Gürtel nach Art der Charros**. Den Beinamen »El Chalequero« soll er einerseits bekommen haben, weil er diese Kleidungsstücke ganz offensichtlich bevorzugte, andererseits aber auch nach dem spanischen Ausdruck »actuar a chaleco«, was so viel wie »sich etwas mit Gewalt nehmen« bedeutet (etwa durch Vergewaltigung).

Guerrero war ein ausgeprägter Psychopath, dem es an jeglicher Empathie mangelte. Er hatte keinerlei Schuld-

---

* Der Name »Blaubart« wird in Anlehnung an den Ehefrauen-Mörder in Charles Perraults gleichnamigem Märchen (französisches Original *La barbe bleu*) verwendet.

** Mexikanische Cowboys.

Guerrero vor seinem Haus.

bewußtsein, pflegte eine geradezu parasitäre Lebensweise, manipulierte die Menschen um sich herum und bekam häufig völlig unkontrollierte Wutanfälle. Zu seiner Zeit hat man solchen Auffälligkeiten keine besondere Beachtung geschenkt; aus heutiger Sicht liegen ganz klar Anzeichen einer erheblichen Persönlichkeitsstörung vor. Zeitgenossen beschrieben ihn dennoch als ruhigen und schweigsamen Menschen, der offensichtlich zu viel Sorgfalt auf sein Äußeres verwandte.

Frauen dienten dem Wüstling in erster Linie zur sexuellen Befriedigung. Seine Morde waren überdurchschnittlich grausam, sie zeugten von Haß und Frauenfeindlichkeit. Wenn er seine Opfer vergewaltigte, dann tat er dies, um Überlegenheit und Macht zu demonstrieren. Mit Ausnahme einer alten Frau, die er im Jahre 1908 ermordete, hatte es sich bei Guerreros Opfern ausnahmslos um Prostituierte gehandelt. Die psychiatrischen Fachgutachter vermuteten, daß er die leichten Damen deshalb bewußt auserkoren hatte, weil sie am verwundbarsten waren. Guerrero war der Ansicht, daß Frauen ihren Ehemännern gegenüber zu absoluter Treue verpflichtet sein sollten. Brachen sie die Ehe, so verdienten sie den Tod. Waren sie keinem Mann treu, mußten sie erst recht sterben.

Hieraus ergibt sich klar, daß seine Persönlichkeitsstörung und Frauenfeindlichkeit in erster Linie auf die mütterliche Zurückweisung in seiner Kindheit zurückzuführen waren. Die Sehnsucht nach mütterlicher Liebe dürfte die Ursache für die Diagnose »Ödipuskomplex«* sein. Höchstwahr-

---

* Umstrittener psychoanalytischer Begriff, der auf Sigmund Freud zurückzuführen ist. Demnach sollen Jungen im Laufe ihrer Entwicklung ihre sexuellen Wünsche auf die Mutter projizieren, während sie zum Vater in eine Art Konkurrenzverhältnis treten und ihm gegenüber Eifersucht empfinden.

scheinlich hatte er überhaupt kein »Vaterbild«. Falls doch, war es wohl vorwiegend gewaltgeprägt – Frauen gegenüber. Guerreros Opfer dürften ziemlich exakt seinem »Mutterbild« entsprochen haben.

Ausgehend von den Theorien Cesare Lombrosos (1835–1909)* versuchten sich die polizeilichen Ermittler ein Bild von dem grausamen Serienmörder zu machen. Demnach mußte es sich bei ihm um einen »geborenen Verbrecher« handeln, einen dekadenten Menschen von niedriger sozialer Herkunft, der Analphabet war und schlechte Manieren hatte. Seine Intelligenz mußte unterdurchschnittlich sein, möglicherweise war er dunkelhäutig, also eventuell Mestize oder indianischer Abstammung und rein äußerlich affenähnlich.

Carlos Roumagnac, einer der führenden mexikanischen Kriminologen der Zeit um 1900, formulierte es so: *»Es gibt keinerlei Hinweise darauf, daß der »Chalequero« seine Verbrechen unter dem unwiderstehlichen Einfluß sexueller Perversion begangen hat. [...] Er hat sie auch nicht unter dem Einfluß krankhafter Besessenheit verübt, sondern aufgrund seiner Neigung zur Gewalttätigkeit. Aus diesem Grund handelt es sich bei ihm um einen degenerierten, unmoralischen und aggressiven Menschen.«*

Ganz falsch lagen die Fachleute mit ihrer Einschätzung demnach nicht, zumindest im Hinblick auf die ethnische Zugehörigkeit und den sozialen Status; bezüglich seines Äußeren, der intellektuellen Fähigkeiten und seines Auftretens lagen sie aber weit daneben. Journalisten beurteilten den Täter bereits um 1908 herum viel realistischer: *»Es muß ein schlanker, mittelgroßer Mann mit dunklem Teint*

---

* Lombroso entwickelte eine Art Typisierung von Verbrechern, die sich an äußeren Körpermerkmalen und Physiognomien orientierte. Zudem schuf er die These vom »geborenen Verbrecher«.

sein, der sorgfältig und nach westlicher Mode gekleidet ist und der ein gewandtes und galantes Auftreten hat. Sein Blick dürfte durchdringend, aber nichtssagend sein.«

Guerrero näherte sich seinen Opfern unter dem Vorwand, sich um ihre Liebesdienste bemühen zu wollen. Dann aber bedrohte und beleidigte er sie, erdrosselte sie oder schlitzte ihnen den Hals auf. Gelegentlich enthauptete er sie auch, vermutlich um ihre Identifizierung zu erschweren. Für die Morde verwendete er im allgemeinen sein Schuhmachermesser; die Leichen warf er in den Río Consulado.

Im Jahr 1908 schlug eine Attacke Guerreros fehl. Lorenza Urrutia, einer Überlebenden, die als Zeugin aufrat, war im späteren Strafverfahren eine Schilderung der Tatumstände zu verdanken, die Rückschlüsse auf die anderen Verbrechen zulassen dürfte: *»Ich bin ihm in der Nähe der Bahngleise im Peralvillo-Viertel begegnet. Der Mann trat auf mich zu und bat mich um Feuer für seine Zigarette. Dann griff er in seine Tasche und holte ein Messer hervor. Er bedrohte mich damit und verlangte, daß ich mit ihm an einen bestimmten Ort gehen sollte. Irgendwie konnte ich ihm dann entwischen.«*

Die Mehrzahl der Opfer konnte nicht identifiziert werden. Nachstehend erfolgt eine Auflistung derjenigen Frauen, deren Ermordung auf sein Konto ging: Candelaria Mendoza, Francisca Rivero, María de Jesús González, Margarita N. (Familienname konnte nicht ermittelt werden), María Guadalupe Villagán, Josefina Rodríguez, María Muñoz, Murcia Gallardo und Antonia N. (Familienname konnte nicht ermittelt werden).

Die meisten Leichen wurden aus dem Río Consulado gefischt. Am 13. Februar 1888 wurde Francisco Guerrero von Francisco Chavez festgenommen. Kurz danach zeigte ihn auch eine Frau namens Emilia an, die ihn der Vergewaltigung und des versuchten Mordes bezichtigte. Guerrero hatte sie für tot gehalten; sie hatte seine Attacke jedoch schwerverletzt überlebt.

Die Nachricht von der Festnahme des unheimlichen Mörders bestimmte fortan den Inhalt der meisten Tageszeitungen. Am Ende des Gerichtsverfahrens, das alsbald angesetzt worden war, konnte Guerrero allerdings aufgrund mangelnder Beweise lediglich wegen des Mordes an Murcia Gallardo sowie des Mordversuchs an Emilia verurteilt werden. Zwar wurde zunächst die Todesstrafe verhängt, doch Präsident Porfirio Díaz begnadigte ihn und erwirkte statt dessen eine 20jährige Freiheitsstrafe, die Guerrero im Gefängnis von San Juan de Ulúa verbüßen sollte. Dann wurde er im Jahre 1904 durch ein Versehen der Justiz frühzeitig freigelassen.

Nach seiner Entlassung half er in der Protestantischen Kirche von San José de la Gracia mit, wobei er als Aufpasser arbeitete oder Wandbilder klebte. Seine Töchter, die Prostituierte geworden waren, lebten bei ihm. Bemerkenswert ist, daß er einmal während seiner Haft den Gefängnisdirektor in einem Brief gebeten hatte, daß seine Töchter ihm eine neue Hose bringen dürften, *»was er seinem Äußeren einfach schuldig«* sei.

Ein paar Jahre später, am 13. Juni 1908, wurde Francisco Guerrero ein zweites Mal verhaftet, diesmal wegen der Ermordung einer alten Frau. Guerrero war in der Nähe des Tatortes – mit noch blutigen Händen – festgenommen worden. Auch dieser Frau war der Hals aufgeschlitzt worden. Diesmal hatte ein Junge namens José Inés Rodríguez die Vergewaltigung und Ermordung der alten Frau mit angesehen. Er war Hirte und hatte sein Vieh in der Nähe des Río Consulado gehütet, als er entsetzliche Schreie hörte. Er hatte sich dem Schauplatz des Verbrechens genähert und

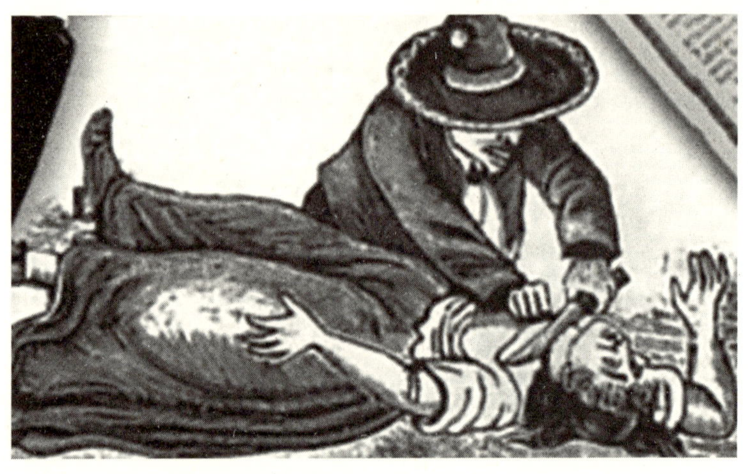

»El Degollador Mexicano« (»Der mexikanische Ripper«), Holzschnitt von José Guadalupe Posada.

sich dann vor lauter Angst in einem Gebüsch versteckt. So war er unfreiwillig Zeuge des Mordes geworden.

Die Erklärung für diesen neuerlichen Mord klang äußerst verworren. Guerrero behauptete, unüberhörbare Stimmen in seinem Kopf hätten ihm befohlen, *»sich wieder ein Vögelchen vorzunehmen und zu erlösen«*. So sei er schließlich entschlossen gewesen, die erstbeste Frau zu töten, die ihm begegnete – und dies war eben jene Alte, von der man nur wußte, daß sie Antonia hieß.

Erneut wurde die Todesstrafe über Guerrero verhängt, und diesmal sollte sie auch im Zuchthaus von Lecumberri vollstreckt werden. Doch Francisco Guerrero starb vier Monate vorher im Juárez-Krankenhaus von Mexiko-Stadt im Alter von 70 Jahren. Um seinen Tod ranken sich Legenden. Ungesicherten Quellen zufolge soll Guerrero an Tuberkulose (oder an Typhus) gelitten haben. Andere wollen wissen, daß ein Schlaganfall die Todesursache gewesen sei. Seine Taten hatte Guerrero bis zuletzt nicht bereut.

Die Verbrechen des »mexikanischen Rippers« inspirierten übrigens den Künstler José Guadalupe Posada (1854–1913) zu zwei Holzschnitten, die noch heute in Mexiko vorhanden sind und besichtigt werden können. Die Lieblingslektüre des Mörders während der Zeit seiner Haft soll Eugène Sues *Die Geheimnisse von Paris* (1843) gewesen sein, in der der Autor das Pariser Unterschichten-Milieu in all seinen Facetten beschreibt.

DIE KINDERZERSTÜCKLERIN VON MEXIKO-STADT

Der Fall Felicitas Sánchez Aguillón (1930–1941)

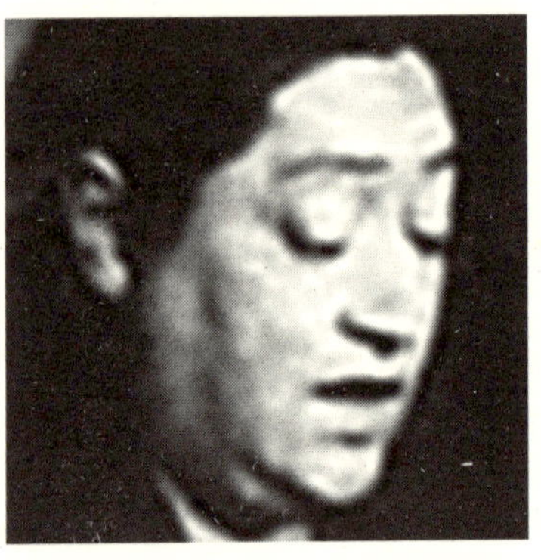

»Tatsächlich habe ich oft Frauen geholfen.«

Felicitas Sánchez Aguillón wurde im Jahre 1890 in Cerro Azul, Veracruz, geboren. Es wird vermutet, daß sie in den 30er Jahren des 20. Jahrhunderts in der »Colonia Roma«* in Mexiko-Stadt mehr als 50 Kinder getötet hat. Obwohl nur sehr wenig aus der Zeit ihrer Kindheit bekannt ist, weiß man, daß sie von ihrer Mutter recht lieblos erzogen worden war und Konfrontationen nicht ausblieben. Schon

* Wörtlich »Wohnviertel Rom«. Die Siedlung wurde 1902 gegründet und liegt im Stadtteil Cuauhtémoc von Mexiko-Stadt. Sie zerfällt in einen Nordteil und einen Südteil (»Roma Norte« und »Roma Sur«) und galt bis etwa 1940 als exklusiver Wohnbereich.

von klein auf zeigte Felicitas sadistische Züge: Mit Vorliebe vergiftete sie streunende Hunde und Katzen.

In der Zeit um 1910 ließ sich die stark übergewichtige Frau zur qualifizierten Krankenpflegerin ausbilden und heiratete einen Mann namens Carlos Conde, der sie trotz ihrer Häßlichkeit*, ihrer schlechten Manieren und ihres menschenverachtenden Charakters abgöttisch liebte und ihr offenbar hündisch ergeben war. Das Paar bekam Zwillingsmädchen, was Felicitas schon bald veranlaßte, ihren Gatten von der Notwendigkeit zu überzeugen, die Kinder verkaufen zu müssen, *»um zu überleben«*. Conde willigte schließlich ein, bereute diesen Schritt aber später wieder, zumal seine Frau ihn nie über den endgültigen Verbleib der Töchter in Kenntnis gesetzt hatte. Dies war der entscheidende Grund, weshalb sich das Paar 1910 trennte. Felicitas zog in die Landeshauptstadt, nach Mexiko-Stadt.

Rasch stellte sie fest, daß mit dem gezielten Handel von Kleinkindern viel Geld zu verdienen war, denn Dutzende von alleinerziehenden Müttern waren froh, wenn sie ihr ihre Kinder überlassen konnten. Felicitas verkaufte sie dann weiter an Paare, die keine eigenen Kinder bekommen konnten. Das Geschäft ging so gut, daß sie sich in der »Colonia Roma« eine große Wohnung nehmen konnte, die sie mit einer Frau teilte, die sich dort nur nachts zum Schlafen aufhielt. Auf diese Weise war Felicitas tagsüber absolut ungestört.

In den Jahren zwischen 1910 und 1920 wurde Felicitas Sánchez Aguillón mindestens zweimal verhaftet, weil sie versucht hatte, ein Baby zu verkaufen. Doch für ihre Freilassung mußte sie jedesmal nur eine geringe Strafgebühr entrichten – ein Leichtes für die Neureiche.

---

* Die mexikanische Tageszeitung *La Prensa* (*Die Presse*) beschrieb die Frau wie folgt: *»Sie sah aus wie eine Hexe, hatte hervorquellende Augen, war fett, häßlich und ekelhaft.«*

Dann kam ihr eine neue Geschäftsidee: Sie gab sich für illegale Abtreibungen her, welche bevorzugt von Frauen aus besseren Kreisen in Anspruch genommen wurden, und nannte das neue Gebäude zynisch »La Quebrada«.*

Das Geschäft mit dem Kleinkinder-Handel blühte weiterhin. Felicitas Sánchez Aguillón nahm sich immer wieder der Neugeborenen armer Frauen an, denen sie gegen Zahlung einer gewissen Summe versprach, die Kleinen in Obhut reicher Leute zu geben, damit sie einer gesicherten Zukunft entgegensähen. In Wahrheit behielt die Geschäftsfrau die Kinder nur ein paar Tage, wobei sie diese in Eiswasser badete, auf dem Boden schlafen ließ oder ihnen verdorbenes Essen gab, damit sie beizeiten starben.

Im Laufe der Zeit gingen immer seltsamere Dinge vor: Die Abwasserkanäle des Gebäudes waren häufig abgedeckt und gelegentlich drang übelriechender schwarzer Rauch aus der Wohnung der »Krankenpflegerin und Geburtshelferin«. Wie das zu erklären war? Wenn es der Babyhändlerin nicht gelang, ihre »Ware« zu verkaufen, brachte sie die Babys einfach um. Zunächst erwürgte sie ihre wehrlosen Opfer oder verbrannte sie bei lebendigem Leib. Schließlich »schlachtete« sie sie mit einem riesigen Küchenmesser, weshalb sie nach Entdecken ihrer Untaten von der Presse als *»Kinderzerstücklerin von Mexiko-Stadt«* bezeichnet wurde. Die Überreste verpackte sie in Säckchen und entsorgte sie wie Müll; manche spülte sie diese auch durch die Toilette. Bei der Reinigung der Abflußrohre war ihr Salvador Martínez Nieves, ein Klempner, behilflich.

Am 8. April 1941 benötigte Francisco Paéz, der Besitzer eines Lebensmittelgeschäfts im ersten Stock ihres Wohnge-

* Das spanische Wort »quebrada« bedeutet »Schlucht« und spielt damit bildlich auf einen »Abbruch« der Schwangerschaft an.

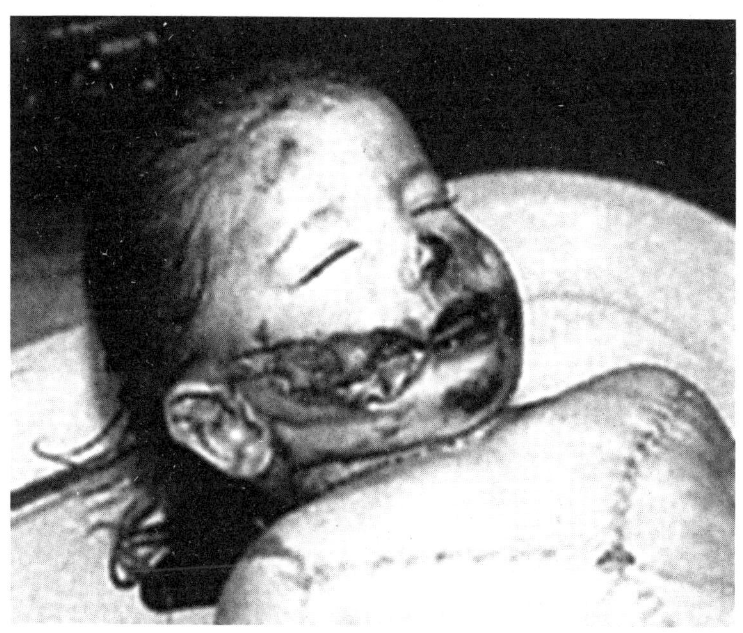

Eines der Opfer (nicht identifiziert).

bäudes, einen Klempner und einen Maurer. Als die Handwerker an ihre Arbeit gingen, stießen sie auf die grausigen Überreste des blutigen Gewerbes der Frau Sánchez Aguillón: Hinter den Mauern und in der Kloake wurden wahre Unmengen verwesenden Fleisches, blutige Fetzen und Kleidungsstücke entdeckt, welche einen unerträglichen Gestank verursachten. Als man in der ekelhaften Masse zudem einen kleinen menschlichen Schädel und ein paar Kinderbeine erblickte, war allen Beteiligten klar, was vor sich gegangen sein mußte.

Schnell wurden Presse und Polizei verständigt.

Man wollte sich nun an die Hausbesitzerin wenden, doch diese war nicht anwesend. Also mußte María González, die Hausmeisterin, aufschließen, die bis zu diesem Zeitpunkt deren Wohnung noch nie betreten hatte. Ein seltsamer Anblick bot sich den Eintretenden: In der Mitte des Eingangs stand ein Altar, auf dem Kerzen, Nadeln, Babykleidung, ein menschlicher Schädel und eine Menge Kinderfotos lagen. Noch am selben Tag wurde das Gebäude versiegelt, die Besitzerin schien geflüchtet zu sein. Mit der Untersuchung und Klärung des rätselhaften Falles wurde José Acosta Suárez beauftragt.

Bereits drei Tage später, am 11. April 1941, wurde Salvador Martínez Nieves, der Klempner, verhaftet. Er gab zu, gewußt zu haben, daß Felicitas häufig als *»Engelmacherin«* gearbeitet hatte. Aus Angst, als Mittäter verurteilt zu werden, habe er bisher geschwiegen. Martínez Nieves gestand, hierfür entsprechend bezahlt worden zu sein. Am gleichen Tag konnten auch noch Felicitas Sánchez Aguillón und Roberto Sánchez Salazar – ihr Geliebter, von dem sie ebenfalls eine Tochter hatte – festgenommen werden.

Die Mörderin wurde in eine Zelle gesperrt, wo sie einen Teil der folgenden Nacht weinend verbrachte. Sie war ganz in Schwarz gekleidet und wirkte extrem erschöpft, sogar einer Ohnmacht nahe. Die nächsten drei Monate verbrachte sie in Isolationshaft, weil die Gefahr bestand, daß sie Kontakt mit der Außenwelt aufnehmen könnte. In dieser Zeit schien sie sich zu einem kleinen Mädchen zurückentwickelt zu haben, denn meistens weinte sie, war höchst einsilbig, warf sich in Wutanfällen auf den Boden und schrie immer wieder: *»Ich will hier raus, will hier raus!«*

Acosta Suárez und seine Kollegen verhörten die Inhaftierte nahezu täglich; immer neue Tötungsfälle wurden offenkundig. In einem ganz konkreten Fall erklärte Felicitas: *»Eine Frau sagte mir, daß sie geträumt habe, sie würde einen häßlichen Sohn auf die Welt bringen. Ich solle ihr deshalb helfen, ihm ein miserables Leben zu ersparen. Und wirklich sah diese Kreatur wie ein Monster aus. Ich habe* *sie Roberto übergeben, um sie in den Kanal zu werfen. Der legte ihr vorher noch einen Draht um den Hals.«*

Als sich die Lage bedrohlich zuspitzte, drohte der eingeschaltete Anwalt damit, die »Kundenliste« seiner Mandantin, auf der vor allem zahlreiche Personen aus Politik und Wirtschaft zu finden waren, zu veröffentlichen, falls nicht nach maximal drei Monaten eine Freilassung erfolgen würde. Unwiderlegbar war jedoch bereits der Fund im Haus der Angeklagten – oder nicht? Die in der Kanalisation gefundenen menschlichen Überreste, unter denen sich der Schädel und die Beine eines etwa einjährigen Kindes befunden hatten und die als belastendes Beweismaterial gegen Sánchez Aguillón galten, waren plötzlich auf unerklärliche Weise verschwunden!

Ob nun die Drohung des Anwalts gefruchtet hatte oder aber ob die Staatsanwaltschaft aufgrund der letztlich fehlenden Beweise entnervt einen Rückzug angetreten hatte, kann nicht beurteilt werden. Feststeht, daß in dem ab 26. April 1941 angesetzten Prozeß nur wegen illegaler Abtreibung, der Verbrennung menschlicher Überreste, diverser Verstöße gegen die öffentliche Gesundheit und verschwundener Beweisstücke verhandelt werden konnte. Einer Freilassung der Angeklagten gegen Kaution stand somit prinzipiell nichts im Wege.

Die Staatsanwaltschaft gab sich trotzdem noch nicht geschlagen, schließlich konnte sie sich noch auf die Zeugenaussagen des Klempners und des Geliebten berufen. Doch unglücklicherweise trat in diesen Tagen der zuständige Richter von seinem Amt zurück, was den weiteren Verlauf des Verfahrens erheblich beeinflussen sollte: Im Juni 1941 wurde Felicitas Sánchez Aguillón wieder auf freien Fuß gesetzt.

Dennoch wußte die Frau, daß ihr Leben endgültig verpfuscht war. Sie war zur Geächteten geworden, jedermann kannte und verachtete sie. Wohl aus Verzweiflung sah sie keinen Ausweg mehr und beging am 16. Juni 1941 im Hause ihres Liebhabers Selbstmord, indem sie eine Überdosis Nembutal (Schlafmittel) schluckte.

Die Kinderzerstücklerin aus der »Colonia Roma« hinterließ drei Briefe: einen an ihren ersten und einen an den derzeitigen Anwalt sowie einen an den Lebenspartner. Darin drückte sie keinerlei Gefühle aus, fühlte sich offenbar auch nicht wirklich schuldig. Zu den gewichtigsten Vorwürfen, mit denen sie konfrontiert worden war, meinte sie: *»Tatsächlich habe ich oft Frauen geholfen, die zu mir nach Hause kamen. [...] Ich nahm mich der Personen an, die meine Dienste benötigten. Wenn ich meine Arbeit verrichtet hatte, spülte ich die Föten durch die Toilette.«*

DER WÜRGER VON TACUBA

Der Fall Gregorio (Goyo) Cárdenas Hernández (1942)

»Ich habe die Leichen der Opfer vergraben, denn mir war in jedem Fall bewußt, daß ich ein Verbrechen begangen hatte.«

Gregorio (Goyo) Cárdenas Hernández wurde im Jahr 1915 in Mexiko-Stadt* als jüngstes von zehn Kindern geboren. Der Junge lernte leicht und schnell und erzielte einen hervorragenden Schulabschluß. In Mexiko-Stadt trieb er Jahre später zwar nur etwa zwei Wochen lang sein Unwesen, doch das genügte, um zu einem der berüchtigtsten Serienmörder Mexikos aufzusteigen. Nach eigenen Aussagen gab er seiner Mutter Vicenta Hernández die Schuld für seine Taten, da er von ihr stets nur unterdrückt worden sei.

* Hier ist die Quellenlage nicht eindeutig. Als Geburtsort kommen auch Jalapa oder Córdoba im Bundestaat Veracruz in Frage.

Neben dieser negativen psychischen Beeinflussung hatte auch eine Enzephalitis* im Kleinkindalter irreversible neurologische Schäden bei ihm verursacht. Als die Diagnose Enuresis** bekannt wurde, regte sich in Cárdenas mit einem Mal eine Bösartigkeit, ja ein starker Hang zur Grausamkeit. Er brauchte das Gefühl von Stärke. Mit Vorliebe quälte er Küken, die er in Scharniere von Türen einzwängte, um diese dann ganz langsam zu schließen. Als Student experimentierte er bevorzugt mit Gänsen und Kaninchen, deren Überreste er anschließend im Garten verscharrte. Mitschüler erzählten, daß er schüchtern, feige und heimtückisch gewesen sei. So habe er manche Süßigkeiten mit Jauche versetzt und dann Kameraden zum Verzehr angeboten oder die Haare von Mädchen versengt.

Etwa mit 16 Jahren begann er, sich mit Prostituierten einzulassen, was ihm eine Geschlechtskrankheit einbrachte. Ein paar unglücklich verlaufende Liebschaften begründeten letztlich seine Frauenfeindlichkeit. Als ihm vorgeworfen wurde, ein junges Mädchen namens Sabina Lara González vergewaltigt zu haben, machte ihm die Familie klar, daß er sein Opfer heiraten müsse, um einer Gefängnisstrafe zu entgehen. Da Sabina bereits schwanger war, heirateten die beiden in Texcoco. Das Baby verloren sie jedoch bereits einen Tag nach der Hochzeit.

Schon drei Jahre darauf ließen sie sich wieder scheiden, denn Goyo warf seiner Frau Ehebruch vor. Er sei nicht gewillt gewesen, diese Schande hinzunehmen. Nicht ausgeschlossen ist jedoch, daß Cárdenas Sabinas Ehebruch nur fingierte, um auf diese Weise von ihr loszukommen.

1935, Goyo war gerade 20 Jahre alt geworden, begann

---

* Schwere Gehirnhautentzündung.

** Nicht steuerbares Einnässen in höherem Kindesalter.

er, Chemie zu studieren. Er war schlank, eher mager, galt als schüchtern und trug eine starke Brille. Cárdenas erhielt ein Stipendium, das ihm ermöglichte, in der Calle Mar del Norte Nr. 20, im Stadtteil Tacuba*, ein Haus zu mieten. Dort beging er in der Nacht des 15. August 1942 seinen ersten Mord.

Cárdenas war in einem alten Ford unterwegs gewesen und hatte auf der Straße eine 16jährige Prostituierte aufgelesen: María de los Ángeles González, kurz Berta. Er nahm sie mit zu sich nach Hause. Gegen 23 Uhr, nachdem sie einvernehmlich Sex miteinander gehabt hatten, suchte das Mädchen das Bad auf, um sich zu waschen. Diese Gelegenheit nutzte Cárdenas aus, sich ihr von hinten zu nähern und sie mit einer Schnur zu erwürgen. Die Tote schleppte er durch den Hof in den Garten, in dem er sie vergrub.

Acht Tage später, am Morgen des 23. August 1942, ging Goyo erneut auf die Jagd. Diesmal war sein Opfer noch jünger: Es handelte sich um die 14jährige Raquel Martínez de León. Als das Mädchen im Haus ihres Freiers über die große Bibliothek staunte, verfuhr Cárdenas wie beim ersten Mal. Er erwürgte die Unwissende von hinten mit einer Kordel und begrub auch sie wieder im Garten.

Die Abstände zwischen den Morden verkürzten sich. Schon sechs Tage später, in der Nacht des 29. August, suchte er erneut weibliche Gesellschaft. Er traf auf Rosa Reyes Quiroz, minderjährig, doch die wollte zunächst nichts von ihm wissen. Womöglich lag es daran, daß Cárdenas bislang nicht unbedingt den größten Wert auf den Zustand seiner Wohnung oder sein Äußeres gelegt hatte. Sein chemisches Labor machte einen ungeordneten Eindruck, ganz zu schweigen von seinen Büchern. In der Wohnung flockte

---

* Tacuba liegt in der Nähe des historischen Zentrums von Mexiko-Stadt.

Links: Raquel Martínez de León, 16, Mordopfer.
Rechts: Rosa Reyes Quiroz, 16, Mordopfer.

der Staub und Cárdenas selbst trug schmutzige Kleidung. Vielleicht hatten ja alle diese Eindrücke zu Rosas ablehnender Haltung beigetragen ...

Neugierig wanderte sie durch die Wohnung, dabei entdeckte sie im Labor Kolben und Reagenzgläser. Nun erwachte ihr Mißtrauen. Als Cárdenas sie bedrängte, wehrte sie sich heftig. Doch letztlich hatte sie keine Chance gegen ihn; sie wurde sein drittes Mordopfer. Einen unbeschreiblichen Ausdruck des Entsetzens hatte der Todeskampf auf ihrem Gesicht hinterlassen. Cárdenas war betroffen darüber. Schnell vergrub er auch diesmal die Leiche im Garten, bemerkte aber sogleich, daß es dort kaum noch Platz gab. Erst gegen vier Uhr morgens war er mit seiner schaurigen Arbeit fertig.

Vier Tage danach, am 2. September 1942, ereignete sich das letzte Verbrechen. Cárdenas umwarb seit längerem eine 21jährige Chemiestudentin und ging davon aus, daß auch sie ihn gerne mochte. Graciela Arias Ávalos war eine

Musterschülerin – und Miguel Arias Córdoba, ihr Vater, ein anerkannter und angesehener Strafverteidiger.

An diesem Tag wartete Graciela auf ihren Freund außerhalb des Schulgebäudes. Cárdenas lud sie ein, bei ihm einzusteigen, um sie nach Hause zu fahren. Kurz vor ihrer Wohnung hielt er an und gestand ihr seine Liebe. Wider Erwarten gab sie ihm einen Korb, und als er daraufhin gewaltsam versuchte, sie zu küssen, verpaßte sie ihm eine schallende Ohrfeige. Außer sich vor Wut, griff er einen lose herumliegenden Türgriff und schlug damit so lange auf ihren Kopf ein, bis sie tot war; ihr langes Haar war blutgetränkt. Nun fuhr er zu sich nach Hause und hüllte die Leiche in ein Laken. Am Morgen des 3. September vergrub er auch sein viertes Opfer.

Am 7. September ließ Vicenta Hernández, Goyos Mutter, ihren Sohn auf seinen ausdrücklichen Wunsch in die Psychiatrische Klinik des Dr. Oneto Barenque, im Stadtteil Tacubaya, einweisen. Er selbst erklärte dort explizit, den Verstand verloren zu haben. Der behandelnde Arzt Dr. Quiroz Cuarón stufte ihn relativ schnell als *»psychotisch und hochgradig neurotisch«* ein und stellte in seiner endgültigen Diagnose fest, daß bei Cárdenas eine Entwicklungsneurose sowie eine Organneurose introvertierter Art, außerdem ein ausgeprägter Narzißmus sowie eine sadistisch-anal-ausgerichtete Erotik vorlägen. Aus psychiatrischer Sicht könne man den neurotischen Zustand des Patienten allgemein als schizo-paranoid bezeichnen.

Bereits einen Tag danach wurde die Polizei in der Klinik vorstellig und befragte Cárdenas zum Verschwinden von Graciela Arias Ávalos. Anstelle einer Antwort wies der Mörder ein paar Stückchen weißer Kreide vor und behauptete, daß es sich dabei um Pillen handle, welche in der Lage seien, einen Menschen unsichtbar zu machen.

Der Vernehmungsbeamte intensivierte daraufhin das Verhör; schließlich brach Cárdenas zusammen. Er gestand, das Mädchen ermordet und im Garten seines Hauses vergraben zu haben. Inzwischen lagen auch schon Aussagen einiger Nachbarn vor, die gelegentlich merkwürdige Vorgänge beobachtet hatten und denen die mysteriösen Grabungen aufgefallen waren. All dies genügte, um das in Verruf geratene Haus – im Beisein Cárdenas' – sorgfältig zu durchsuchen. Eine Ansammlung von Totengräbern, großen grünen Käfern, die, wie man sagt, den Tod begleiten, brachten die Polizisten nahe einer schlammigen Stelle im Garten auf die richtige Spur. Einer der Einsatzkräfte ergriff einen Besenstil und stocherte in der weichen und feuchten Erde. Er hatte den Eindruck, daß erst vor kurzem umgegraben worden war. Obwohl er schon viele schreckliche Dinge gesehen hatte, spürte er plötzlich, wie ihm ein Schauer über den Rücken lief, denn aus dem Erdreich ragten die Zehen eines Fußes. Nun gruben ein paar Männer gleichzeitig weiter. Sie förderten eine weibliche Leiche zutage, die notdürftig in ein Laken gehüllt war: die verschwundene Studentin. Es folgten die Leichen der anderen drei Opfer.

Im Arbeitszimmer des Mörders konnte Goyos Tagebuch sichergestellt werden. Darin fand sich die überführende Notiz: *»Am 2. September starb Gracielita. Ich trage die Schuld daran, denn ich habe sie getötet. Ich habe die Verantwortung hierfür zu übernehmen, ebenso wie für die anderen, die mir unbekannt sind. Ich habe die Leichen der Opfer vergraben, denn mir war in jedem Fall bewußt, daß ich ein Verbrechen begangen hatte.«*

Aus diesem Grund erfolgte am 13. September die offizielle Verhaftung. Cárdenas wurde im Gefängnis Lecumberri in die Abteilung für psychisch Kranke eingeliefert. Cárdenas' Anwälte erreichten jedoch schnell, daß ihr Mandant zur

Cárdenas, zweiter von rechts, an einem Tatort (Lokaltermin).

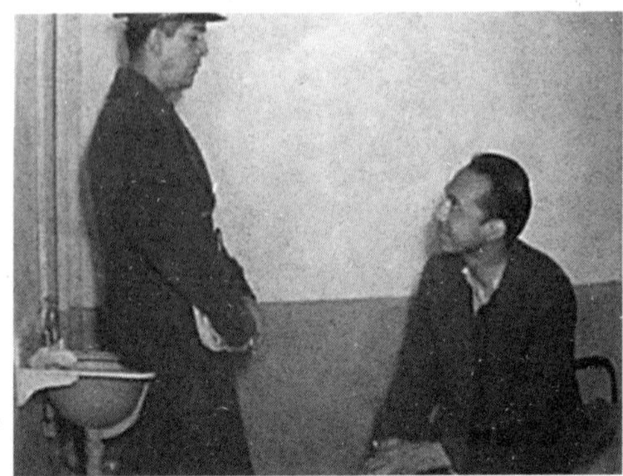

Links: Cárdenas bereut seine Taten.
Rechts: Cárdenas vor der Gerichtsverhandlung.

Behandlung in das Allgemeine Krankenhaus für psychisch Kranke in La Castañeda überführt wurde. Er bekam Elektroschocks und Injektionen mit Natriumpentothal*, um herauszufinden, ob er tatsächlich geisteskrank sei oder nur simuliere.

Aus unerklärlichen Gründen wurden Cárdenas in der Folgezeit zahlreiche Annehmlichkeiten geboten. So durfte er am Unterricht in Psychiatrie teilnehmen, den der Direktor der Klinik höchstpersönlich leitete; er durfte ungehindert die Bibliothek nutzen, Familienbesuche empfangen und sogar mit Freundinnen ins Kino gehen.

Am 25. Dezember 1947 flüchtete Cárdenas mit einem anderen Häftling in Richtung Oaxaca. 20 Tage später wurde er wieder festgenommen. Dabei behauptete er, nicht geflohen zu sein, sondern lediglich Urlaub genommen zu haben.

Es war am 22. Dezember 1948, als die Behörden beschlossen, ihn erneut nach Lecumberri zu verlegen. Dort lernte

* Droge, die die Willenskraft des Betroffenen senkt und somit zur schnelleren Wahrheitsfindung beitragen soll.

Cárdenas das Strafgesetzbuch auswendig, studierte Rechtswissenschaft und wurde sogar Prozeßanwalt. In der Folge fertigte er Cartoons über von ihm erfundene Rechtsfälle an und schrieb mehrere Bücher. Zu den bekanntesten zählten *Celda 16 (Zelle 16), Pabellón de locos (Pavillon der Irren), Una mente turbulenta (Ein unruhiger Geist)* und *Adiós, Lecumberri (Lecumberri, auf Wiedersehen).*

Damit nicht genug, begann der Häftling nun Klavier zu spielen, Opern zu hören, Poesie zu lesen, eine Zeitschrift zu leiten und Bilder zu malen. Cárdenas erwies sich als echtes Multitalent. Er heiratete im Gefängnis eine Freundin seiner Mutter und zeugte Kinder, die er mit den Einnahmen aus einem von ihm gegründeten Lebensmittelgeschäft zu unterhalten vermochte. Einmal sagte er rückblickend: *»48 oder 50 Ärzte haben mich untersucht. Einige stellten bei mir Schizophrenie, andere Psychopathie fest, wieder andere diagnostizierten verschiedene Arten von Epilepsie, Geistesschwäche auf unterster Ebene oder gar Paranoia. Genau, warum eigentlich nicht?«*

Im Jahre 1976 appellierte Cárdenas' Familie an den damaligen mexikanischen Präsidenten Luis Echeverría, den mittlerweile berühmt gewordenen Häftling zu begnadigen – mit Erfolg. »Der Würger von Tacuba« durfte am 8. September 1976 – nach 34 Jahren Haft! – tatsächlich das berüchtigte Gefängnis von Lecumberri als freier Mann verlassen. Kurze Zeit später, als Mario Moya Palencia Staatssekretär war, lud der Unionskongreß Cárdenas ins Repräsentantenhaus ein, wo man ihm Gelegenheit gab, über sein Leben zu sprechen. Anschließend gab es lebhaften Beifall seitens der Abgeordneten, die den »ersten Serienmörder Mexikos« ihren Landsleuten als *»beispielhaft«* und als *»gelungenen Fall von Rehabilitation«* vorstellten.

In der Folge eröffnete Cárdenas eine Ausstellung seiner Bilder in einer Galerie von Mexiko-Stadt. Da er überwiegend anerkennende Kritiken erhielt, konnte er letztlich alle seine Werke zu stolzen Preisen verkaufen. Daraufhin eröffnete er ein Büro und begann, als Prozeßanwalt zu arbeiten. Über sein Leben wurde eine Seifenoper geschrieben, die ein beachtliches Echo fand. Und um das Maß voll zu machen, wurde in der mexikanischen Hauptstadt ihm zu Ehren ein Denkmal mit seinem Konterfei aufgestellt.

Der Schriftsteller Víctor Hugo Rascón Banda inszenierte das Theaterstück *Der Würger von Tacuba,* in welchem Sergio Bustamante die Titelrolle spielte. Cárdenas war zunächst bei den Proben dabei und half dem Regisseur mehrfach bei der Korrektur von Details. Dann aber kam es zu einem Eklat. Der verurteilte Mörder verklagte den Regisseur wegen Urheberrechtsverletzung und argumentierte dabei mit dem Hinweis, daß die Rechte an der Geschichte seiner Verbrechen ausschließlich ihm allein gehörten. Seine Begründung wurde allerdings abgeschmettert.

Jahre später wurde Cárdenas' Leben durch Ricardo Ham und Marco Jalpa verfilmt; mindestens zwei weitere Filmprojekte folgten. Überdies ist der »Fall Cárdenas« in der Juristischen Fakultät zum festen Bestandteil der Kriminologie-Kurse geworden.

Gregorio Cárdenas, der »Würger von Tacuba«, ist am 2. August 1999 im Alter von 84 Jahren gestorben. Trotz seiner kriminellen Vergangenheit hatte er beim mexikanischen Volk unglaubliche Popularität erlangt. Lieder über ihn oder Gebetskärtchen mit seinem Bild zeugen von einem regelrechten Personenkult.

DAS BORDELL DER HÖLLE

Der Fall der Schwestern González Valenzuela (1950–1963)

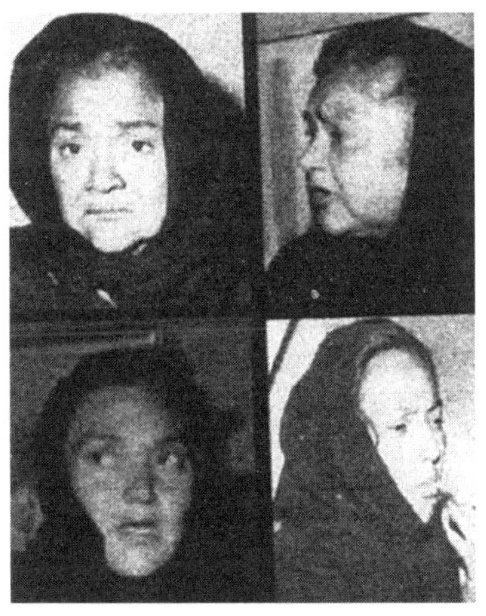

Die vier Schwestern González Valenzuela (oben von links nach rechts: Delfina und Carmen; unten von links nach rechts: María Luisa (Eva) und María de Jesús)

»Es war die Hölle.«

Die vier Schwestern María del Carmen, Delfina, María de Jesús und María Luisa (später bevorzugt »Eva« genannt) waren als Töchter des Isidro Torres und der Bernardina Valenzuela in El Salto (Jalisco) geboren worden.* Der Vater arbeitete früher als Polizist und galt als extrem

* María del Carmen, die Älteste, wurde angeblich 1912, Delfina 1924 geboren. Von den beiden Jüngeren sind die Geburtsjahre nicht überliefert.

gewalttätig, arrogant und autoritär; er schlug Frau und Kinder sehr häufig. Zudem soll er die Töchter von klein auf gezwungen haben, bei Hinrichtungen von Verurteilten zuzusehen. Die Mutter galt als religiöse Fanatikerin.

Als Jugendliche ertrug María del Carmen die täglichen Mißhandlungen nicht mehr länger und lief – zusammen mit ihrem etwas älteren Freund Luis Jasso – von zu Hause weg. Der Vater suchte nach seiner Ältesten. Als er sie einfing, verprügelte er sie und sperrte sie monatelang im Ortsgefängnis ein.

Etwa um die gleiche Zeit tötete er – ohne jede rechtliche Grundlage – den Rancher Félix Ornelas, möglicherweise einen Verbrecher, der ein Urteil erwartete, sich aber der Verhaftung durch Torres widersetzte und von diesem gnadenlos ein paar Kugeln in den Rücken gefeuert bekam. Torres tauchte daraufhin vorübergehend unter, um – ironischerweise ebenfalls – einer drohenden Verhaftung zu entgehen.

Erst nach 14 Monaten verhalf ein befreundeter Ladenbesitzer der unschuldig inhaftierten Tochter zur Freilassung. Die Torres Valenzuela-Familie drohte jedoch zu verelenden. Sie hatte mittlerweile – um Repressalien und großer Schande zu entgehen – den Namen »González« angenommen. Bis zum Jahre 1935 arbeiteten die Frauen in einer Textilfabrik, um sich wenigstens einigermaßen über Wasser zu halten. Den Wohnort hatten sie inzwischen in das kleine Dorf San Pancho del Rincón* verlegt.

1938 lernte María del Carmen einen Mann namens Jesús Vargas kennen und lieben. Alle nannten ihn nur »El Gato« (»Die Katze«). Er war ein typischer Playboy und ein Kleinkrimineller, der es verstand, seine Freundin

---

* Da »Pancho« die mexikanische Variante für »Francisco« ist, wird das Dorf im übrigen spanischsprachigen Raum »San Francisco del Rincón« genannt.

zur Eröffnung einer kleinen Bar mit Wein- und Likörausschank zu überreden. Kurz darauf brachte er den kärglichen Gewinn durch und verschwand. María del Carmen kehrte zu ihrer Familie zurück, doch in der Zwischenzeit waren beide Elternteile verstorben. Sie hatten den Schwestern eine bescheidene Erbschaft hinterlassen. Mit diesem Kapital eröffnete zunächst Delfina je ein illegales Bordell in El Salto (Jalisco) und San Pancho del Rincón (Guanajuato)*. Nach einer Schießerei mußte jenes in San Pancho 1948 vorübergehend schließen, woraufhin weitere Bordelle in San Juan de los Lagos (Jalisco), Purísima del Rincón und León (Guanajuato) sowie in San Juan del Río (Queretaro) ins Leben gerufen wurden; verantwortlich hierfür waren Delfina, María del Carmen und María de Jesús. María Luisa dagegen soll ein weiteres in der Nähe der mexikanischen Grenze geleitet haben. 1949 starb die älteste Schwester Carmen an Leberkrebs.

Das Geschäft blühte, vor allem deshalb, weil den Freiern vorrangig nur ganz junge Mädchen zur Verfügung standen. Aufgrund der nachlässigen Überwachung durch die Behörden gelang es, die Häuser zunächst ungehindert zu führen, bis sie im Jahre 1964 schließlich doch geschlossen werden mußten. Eine gewisse Josefina Gutiérrez, eine Kupplerin, hatte die González-Schwestern in einen Entführungsfall verwickelt, in dem sie zunächst die alleinige Verdächtige gewesen war. Zudem war es einer kürzlich erst neu angestellten Prostituierten, Catalina Ortega, geglückt, der Hölle von San Pancho del Rincón zu entkommen. Das Mädchen wurde auf dem Polizeirevier von León vorstellig.

Was die verängstigte und geschockte Frau mit den zerzausten Haaren berichtete, erschien ganz und gar un-

* Im Bundesstaat Guanajuato waren Bordelle erlaubt.

glaublich, ja ungeheuerlich: Sie und ihre Kolleginnen seien unaufhörlich geschlagen und gefoltert, einige sogar getötet worden. Sie seien darüber hinaus zu Abtreibungen gezwungen worden. Falls dennoch Kinder ausgetragen und geboren wurden, habe man diese sofort »beseitigt«. Auch diejenigen, die ihr Gewerbe nicht mehr ausüben wollten, seien kurzerhand umgebracht und auf einem geheimen Friedhof, der sich bei der Ortschaft Los Ángeles befand, einfach verscharrt worden. *»Es war einfach die Hölle«*, stammelte sie immer wieder. Verantwortlich für die Morde sei Hermenegildo Zúñiga Maldonado, genannt »El Capitán Águila Negra« (»Kapitän Schwarzer Adler«) gewesen.

Dieser Zúñiga hatte einst in der mexikanischen Armee gedient, wo er zuletzt den Rang eines Kapitäns bekleidet hatte. Nach seiner Entlassung war er Delfina begegnet und hatte sich in sie verliebt. Er war für die persönliche Sicherheit und den Schutz der Schwestern zuständig. Ihn unterstützte Ramón Torres, ein unehelicher Sohn Delfinas und allgemein nur »El Tepocate« (»Die Kaulquappe«) genannt,

Links: Hermenegildo Zúñiga Maldonado, »Kapitän Schwarzer Adler«.
Rechts: Carmen González Valenzuela.

der jedoch bei einer Schießerei nach einem Autodiebstahl umkam.

Die Schwestern hatten jahrelang amtliche Unterstützung durch viele korrupte Beamte genossen. Der Bürgermeister persönlich hatte Delfina die Ersterlaubnis erteilt, die Bordelle in Form von »Nachtbars« zu betreiben. Am ertragreichsten erwiesen sich das »Guadalajara de Noche« (»Guadalajara bei Nacht«) und die »Barca de Oro« (»Der goldene Kahn«). Doch die Liebesdienerinnen wurden arglistig getäuscht, als man sie als »Dienstmädchen« anwarb oder von Menschenhändlern kaufte. Sie wurden wie Leibeigene gehalten und zur Prostitution gezwungen. Mit der Eröffnung weiterer »Nachtbars« konnten die Schwestern über ein Jahrzehnt nahezu landesweit den wohl blühendsten Prostituiertenservice Mexikos betreiben.

Das hauseigene System war höchst einfach gewesen. Zunächst wurde großer Wert darauf gelegt, sich des Wohlwollens seitens der Behörden zu versichern, um Schutz zu genießen; dies gelang natürlich nur durch Bestechung. Dann wurden ein paar »Mitarbeiter« durch das ganze Land geschickt, um geeigneten Nachwuchs zu rekrutieren. Generell suchte man gutaussehende blutjunge Mädchen im Alter von zwölf bis 14 Jahren, die als vermeintliche Hausangestellte vor allem auf dem einsam gelegenen Rancho »El Ángel« (»Engel-Ranch«) arbeiten sollten.

In Wirklichkeit wurden sie in die Prostitution geführt, geprägt von täglichen Mißhandlungen und Vergewaltigungen. Von der Ranch aus wurden sie – bei Bedarf – entsprechend weitergeleitet. Der gesetzlich vorgeschriebene Gesundheitszustand mußte natürlich nachgewiesen werden. Zu diesem Zweck gab das Gesundheitsministerium Karten aus, die durchgeführte Kontrollen bescheinigten. Zu den Aufgaben von María de Jesús zählte es, dieses Schriftstück

»Sexarbeiterinnen«, die man als »Hausangestellte« angelockt hatte.

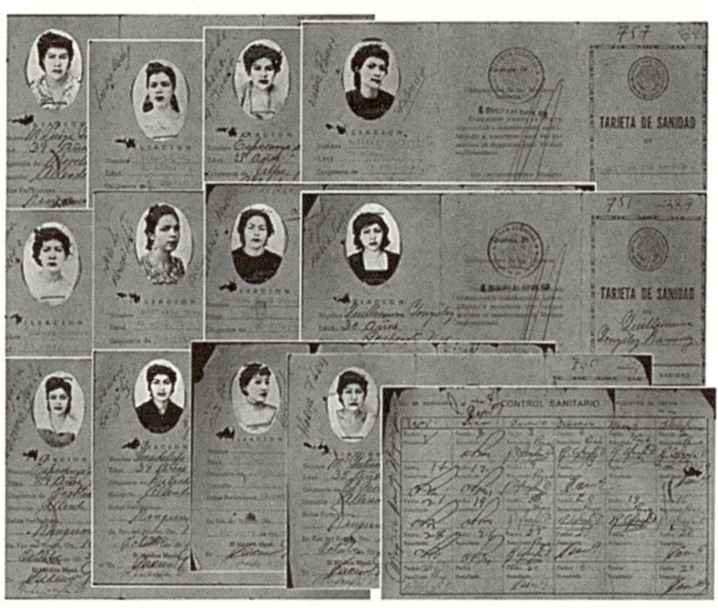

Gefälschte Gesundheitskarten der Prostituierten.

persönlich zu erwerben – geknüpft an eine sexuelle Gegenleistung, oder aber in Form einer Fälschung.*

Unverzüglich schickte die Polizei einen ganzen Trupp nach San Pancho del Rincón und nahm auf der Engel-Ranch eine umfangreiche Durchsuchung vor. Die Beamten konnten sich vor Ort davon überzeugen, daß die Zeugenaussagen der Wahrheit entsprachen, und schlossen den Betrieb. Die Mädchen wurden umgehend »vom Dienst befreit«. Sie bestätigten ausnahmslos die bereits protokollierten Aussagen der Catalina Ortega. Auf dem weitläufigen Gelände wurden überdies die Leichen von elf Männern, 80 Frauen und mehreren Föten gefunden.

Die Schwestern konnten festgenommen werden, außerdem auch Zúñiga und die wichtigsten männlichen Helfer. Die befreiten Prostituierten enthüllten immer schauerlichere Details. Unmittelbar nach ihrer Ankunft hätten sie sich nackt ausziehen müssen, um »untersucht« zu werden. Statt dessen seien sie vaginal und anal vergewaltigt, häufig auch zu Oralsex gezwungen worden. Wer sich gewehrt oder geschrien habe, sei so lange geprügelt worden, bis der letzte Widerstand erloschen war. Die »Poquianchis«**, wie man die entmenschten Schwestern im Volksmund nannte, hätten sie in Eiswasser getaucht und danach zur Bedienung der männlichen Gäste in die Bar geschickt. Bei Zuwiderhandlung drohte Tod. Das tägliche Verdienst bestand aus fünf harten Tortillas*** und einem Bohnengericht.

Mit Vollendung des 25. Lebensjahres wurden die Liebesdienerinnen »ausgemustert«, denn dann galten sie als

---

* Es ist überliefert, daß María de Jesús ihre »Dienste« Fernando Liceago, einem Sekretär des Ministeriums, und auch dem Doktor Castellanos angeboten hat, um entsprechende Nachweiskarten zu erwerben.

** Veralteter mexikanischer Ausdruck für Prostituierte und Bordellbetreiber.

*** In Lateinamerika traditionelle dünne Maisfladen.

alt. Nun waltete Salvador Estrada Bocanegra, der den Beinamen »El Verdugo« (»Der Henker«) trug, seines Amtes. Zunächst sperrte er die Frauen in einen Raum der Ranch ein, wo er sie einige Tage lang erbärmlich hungern und dursten ließ. Als genügte diese Folter nicht, schlug er die armen Geschöpfe mit einem Holzstock, an dessen Ende ein spitzer Nagel herausragte, bis aufs Blut. Wenn sie dann so schwach waren, daß sie nahezu zusammenbrachen, zerrte er sie nach draußen, grub irgendwo ein Loch und begrub sie bei lebendigem Leibe. Anderen legte er glühende Bügeleisen auf die Haut, warf sie vom Dach in die Tiefe oder zertrümmerte ihnen brutal den Schädel.

Im Laufe der Zeit hatten die »Poquianchis« zusätzliche Helfer verpflichtet, unter anderem Francisco Camarena García und Enrique Rodríguez Ramírez, die als Fahrer arbeiteten, wenn Nachschubkräfte herbeigeschafft werden sollten. Um den Ranchbetrieb kümmerte sich vor allem José Facio Santos. Aus den Reihen der Prostituierten wählten die Schwestern sechs Frauen aus, die als besonders grausam galten und für Züchtigungen eingesetzt wurden: María Auxiliadora Gómez, Lucila Martínez del Campo, Guadalupe Moreno Quiroz, Ramona Gutiérrez Torres, Adela Mancilla Alcalá und Esther Muñoz.

Presseberichten zufolge sollen die »Poquianchis« seit etwa 1963 auch Satansrituale praktiziert haben, *»um dem Teufel Opfer zu bringen und so noch mehr Geld zu scheffeln«*. Doch diese Gerüchte sind möglicherweise auch nur eine Erfindung der Klatschpresse.

Der Strafprozeß gegen die drei noch lebenden Schwestern dauerte monatelang. Am Ende wurden sie wegen planmäßiger Entführung und erwiesenen Mordes in 91 Fällen zur Höchststrafe von jeweils 40 Jahren verurteilt. Insgesamt ging man allerdings von mindestens 150 (!) Fällen aus.

Die Schwestern Delfina (links) und María de Jesús (rechts).

Zwei von ihnen starben hinter Gittern, ohne die Freiheit jemals wiedererlangt zu haben. Delfina kam am 17. Oktober 1978 mit 66 Jahren im Gefängnis von Irapuato durch einen Unfall ums Leben. Bei Reparaturarbeiten an der Zellendecke soll ein Arbeiter zu neugierig nach unten geblickt und dabei einen Eimer voll Zement umgestoßen haben, welcher der Frau den Kopf zertrümmert habe. María Luisa (»Eva«) landete in der geschlossenen Abteilung einer psychiatrischen Klinik, wo sie am 19. November 1984 verstarb.

María de Jesús versuchte sich nach Verbüßung ihrer Haft in einem bürgerlichen Leben. Sie heiratete einen gewissen Antonio Hernández, 64 Jahre alt, und lebte bis zu ihrem Tod in den 1990er Jahren mit ihm zusammen. Die letzte Zeit ihres Lebens soll sie sehr religiös geworden sein.

DIE BESTIE VON GUATEMALA

Der Fall José María Miculax Bux
(1946)

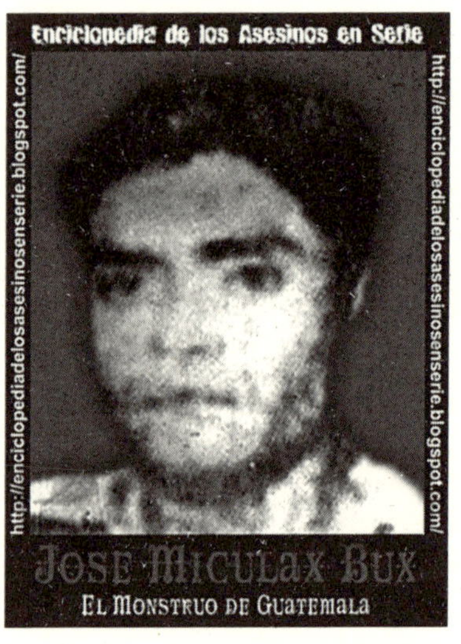

»Warum hast du diese kleinen Jungen umgebracht?« – »Weil das ganz einfach war. Größere verteidigen sich ja!«

José María Miculax Bux, den man »El Monstruo de Guatemala« (»Die Bestie von Guatemala«) nannte, war ein Serienmörder, der am 18. Juli 1946 hingerichtet worden ist. Der 1925 in Patricia geborene Mann und sein Cousin Mariano Macú Miculax ermordeten zwischen Januar und April 1946 fünfzehn Jungen im Alter von zehn bis 16 Jahren. Die Opfer wurden, nachdem ihnen die Arme mit

Schnüren auf den Rücken gebunden worden waren, sexuell mißbraucht und erdrosselt.

Der Psychopath José Miculax sorgte für Angst und Schrecken in Guatemala, wie es sie dort nie zuvor gegeben hatte. Weil die Morde in relativ kurzen Abständen erfolgten, wurde ein ungeheurer öffentlicher Druck auf die Regierung unter Präsident Juan José Arévalo Bermejo aufgebaut, dem alle anderen Dringlichkeiten so lange untergeordnet wurden, bis man den Täter endlich ermittelt hatte. Um ein Exempel zu statuieren, erließ der Präsident zusammen mit dem Kongreß der Republik das Dekret Nr. 235, basierend auf dem extra zu diesem Zweck erlassenen »Ley Miculax« (»Miculax-Gesetz«), um die rechtliche Grundlage für ein Todesurteil zu schaffen.

Der knapp 21jährige junge Mann entstammte einer armen Familie und hatte nur eine sehr bescheidene Schulbildung genossen. Der Stiefvater mißbrauchte ihn und die Not zwang den Jungen zu Diebstählen. Schon früh schloß er sich seinem etwas größeren, molligeren Cousin Mariano Macú Miculax an.

Obwohl José María bisexuell und pädophil war, sich entsprechend eher zu heranwachsenden Jungen hingezogen fühlte, heiratete er und zeugte zwei Kinder: Tochter Juana und Sohn Enrique.

Am 26. April 1946 wurde José Miculax verhaftet, nachdem ihn eine alte Frau detailliert als Täter beschrieben hatte. Seinen Komplizen Mariano Macú Miculax bekam die Polizei bereits einen Tag später zu fassen.

»Warum hast du diese kleinen Jungen umgebracht?« wollten die Ermittler in den Verhören wissen. *»Weil das ganz einfach war«*, antwortete José María zynisch. *»Größere verteidigen sich ja!«* Und die Frage, ob er seine Untaten bereue, verneinte er rundheraus.

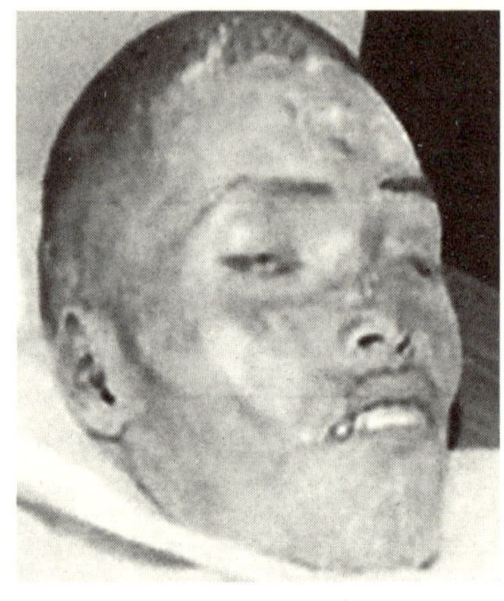

Links: Mariano Macú, Cousin von José María Miculax.
Rechts: Kopf des Mörders, der von der Abteilung für Kriminalistische Studien der Medizinischen Fakultät an der Universität von San Carlos untersucht wurde.

Nachstehend eine Auflistung der Opfer:

Enrique Sactic Culyuch (14), Oscar Emilio López (12), Cesar Augusto Bolfovich (13), ein nicht identifizierter Elfjähriger, Francisco Juárez Ajvix (Alter unbekannt), Gumersindo Flores (14), Jesús Reyes (Alter unbekannt), Cecilio Uyú Pirir (13), ein nicht identifizierter 15jähriger, ein nicht identifizierter 13jähriger, ein nicht identifizierter Junge (Alter unbekannt), Nicolás Antonio Gómez Reyes (Alter unbekannt), Rolando Castillo (Alter unbekannt).

Während Miculax Bux einige Morde gestand, stritt Macú Miculax alles ab. Schon früh reduzierte sich vor Gericht alles auf die Frage der Zurechnungsfähigkeit – die Voraussetzung für die Vollstreckung eines Todesurteils. Doch die ersten Gutachter, Carlos Federico Mora, Hector Aragón und Manuel Arias, verneinten diese Frage. Sie gingen davon aus, daß Miculax – ein Psychopath – nicht als schuldfähig gelten könne. Miguel F. Molina, der zuletzt hinzugezogene Psychiater, urteilte dagegen anders. Er stufte den

Delinquenten als *»keinesfalls weltfremd, jedoch pervers veranlagt und mit seinen antisozialen Reaktionen als höchstgefährlichen Kriminellen«* ein, weshalb Richter Rafael Baguer S. über Miculax die Todesstrafe verhängte. Das Urteil für Mariano Macú lautete auf »nur« 30 Jahre Gefängnis.

Das Strafmaß war also recht unterschiedlich ausgefallen. José María Miculax sollte am 18. Juli 1946 öffentlich hingerichtet werden, wobei man ihm auf seinen letzten Wunsch hin vorher noch geistlichen Beistand und zwei Gläschen Likör gewährte. Kurz vor der Vollstreckung gab es noch eine Sensation. Der Delinquent rief nämlich laut, daß er *»nur vier Morde«* begangen habe, alle anderen seien von seinem Cousin verübt worden. Er empfinde es daher als höchst ungerecht, zum Tode verurteilt zu werden, während Mariano am Leben bliebe. Die Aussage blieb unbeachtet; das Erschießungskommando trat vor der Außenwand des allgemeinen Friedhofs in Aktion.

El imparcial
diario independiente

CAE JOSE MICULAX BUX
FRENTE A LA MULTITUD

CRISIS SURGE EN AGRICULTURA

Zeitungsbericht über Miculax' Hinrichtung.

Die Leiche wurde enthauptet, um den Kopf der Universität von San Carlos in Guatemala für medizinische Zwecke zur Verfügung zu stellen. Der tote Körper wurde in den 1990er Jahren gestohlen.

Der Fall Miculax diente Generationen von Eltern in Guatemala als Mahnung, ihren Kindern jeglichen Kontakt zu Fremden strikt zu verbieten. Denn es hatte sich herausgestellt, daß die beiden Mörder ihre Opfer in der Regel damit gelockt hätten, mit ihnen Kaninchen jagen zu gehen.

TAVO DER BANDENCHEF

Der Fall Gustavo Adolfo Parada Morales (1996–1999 und 2007)

»Kein Mensch glaubt mir.«

Gustavo Adolfo Parada Morales, bekannt geworden als »El Directo« (»Der Direkte«) und von Freunden immer nur Tavo, kurz für Gustavo, gerufen, wurde 1982 in San Miguel, etwa 130 Kilometer östlich von San Salvador (El Salvador) geboren und ist der erster Serienmörder seines Landes.

Parada wuchs in einem Armenviertel auf, der Vater war so gut wie nie bei der Familie und die Mutter arbeitete auf einem Markt als Verkäuferin. Als der Sohn zehn Jahre alt war, nahm ihn die Mutter von der Schule, *»weil ihn seine Mitschüler nahezu täglich verprügelten«*. Er fand Anstellung in einer Bäckerei, wo er morgens arbeitete; die

Nachmittage verbrachte er Fußball spielend auf der Straße. Mit 13 schloß er sich der Bande »Salvatrucha« an und fiel schnell wegen seiner Grausamkeit auf. Später gründete er selbst eine Gang, die sich »La mirada loca« (»Der verrückte Blick«) nannte und neben Diebstählen und Entführungen auch Vergewaltigungen und Morde beging.

Im Jahre 1999 wurde Parada im Alter von 17 Jahren verhaftet. 17 Morde wurden ihm zur Last gelegt. Bis zuletzt leugnete er, diese Verbrechen begangen zu haben und behauptete, wegen seiner Tattoos und der Kleidung mit einem anderen Täter verwechselt worden zu sein. *»Kein Mensch glaubt mir!«* beschwerte er sich, doch die Beweise reichten immerhin für sieben der ihm vorgeworfenen Morde aus. So wurde der junge Mann zu sieben Jahren Haft, der Höchststrafe für einen Minderjährigen in El Salvador, verurteilt.

Über die begangenen Morde teilte die Staatsanwaltschaft nur ganz wenige Details mit. So erfuhr die Öffentlichkeit zum Beispiel, daß Parada seinen ersten Mord bereits mit 14 Jahren begangen hatte. Das Opfer war eine junge Frau gewesen, die Sex mit dem Jungen abgelehnt hatte. Daraufhin wurde sie von ihm entführt und an einen abgelegenen Ort gebracht, wo er sie zunächst vergewaltigte und dann durch Messerstiche in die Brust ermordete. Die Sterbende hatte er eiskalt in einen Brunnen geworfen. Andere Mitglieder der Bande bestätigten diesen Tathergang. Weitere Einzelheiten zu den anderen – nachgewiesenen – Verbrechen teilte die Staatsanwaltschaft nicht mit.

Obwohl die Mordrate in El Salvador etwa zwölfmal höher als in New York ist, reagierte die Bevölkerung geschockt. Etwa 20 Familien zogen sogar unmittelbar nach dem Bekanntwerden des Falles aus der Nachbarschaft der Paradas weg.

Solche Zustände herrschen in Gefängnissen von San Salvador.

Gemeinsam mit sieben anderen Häftlingen schaffte es Tavo Parada, aus dem Gefängnis auszubrechen. Es dauerte jedoch nur ein paar Stunden, bis alle wieder eingefangen waren, wobei der jugendliche Bandenchef in den Hochsicherheitstrakt des Gefängnisses von San Miguel verlegt wurde.

Trotz seiner Mordserie wurde Parada im Jahr 2003 *»auf Bewährung«* entlassen. Damals versicherte er hoch und heilig, sich entscheidend verändert zu haben, vor allem, *»weil er den Weg zu Gott gefunden«* habe. Er wolle nach seiner Freilassung alle seine Tattoos entfernen lassen und künftig in El Salvador als Zimmermann arbeiten. Doch mit diesen Vorsätzen scheint es nicht weit her gewesen zu sein. Schon innerhalb von zwei Jahren mußte er erneut festgenommen werden, diesmal wegen illegalen Waffenbesitzes, Diebstahls und Raubes. Parada wurde zu acht Jahren Haft verurteilt, die er im Gefängnis von San Francisco Gotera in Morazán verbüßen sollte. Doch da er im Jahre 2007 den Häftling Rafael Enrique Martínez in dessen Zelle ermordet

Mutter Dora Alicia weint im Gefängnis,
als sie über den Tod des Sohnes benachrichtigt wird.

hatte, wurde er nun zu einer neuerlichen, insgesamt 35jährigen Gefängnisstrafe verurteilt.

Etwa sechs Jahre später spielte sich der letzte Akt des Dramas um Tavo Parada ab. Am Morgen des 2. September 2013 wurde der Bandenführer im Gefängnis von San Miguel ermordet aufgefunden.

Das Ministerium für Öffentliche Sicherheit konnte auch gleich die Täter präsentieren: Es handelte sich um die drei Mithäftlinge Milton Alexander Hernández Mezquita, Juan José Guevara Rodríguez und Moses Ajuria. Parada war um die Zeit der Morgentoilette, zwischen etwa sieben und acht Uhr, erstochen worden. Er hatte sich offenbar heftig gewehrt, denn seine Mörder wiesen selbst erhebliche Stichverletzungen auf.

Bereits im Dezember 2013 wurde das Trio zu jeweils 15 Jahren Haft verurteilt.

Mithäftlinge Hernández Mezquita, Guevara Rodríguez und Moses Ajuria.

Rasch stellte sich heraus, daß es sich um einen Auftragsmord gehandelt haben durfte, dem interne Bandenstreitigkeiten um die Führung der Gang vorausgingen. Pikanterweise hatte Parada etwa eine Woche zuvor selbst einen solchen Auftragsmord erteilt: an seiner 28jährigen Ehefrau Rosa María Coreas. Er hatte sie erschießen lassen, weil sie ein außereheliches Verhältnis unterhalten hatte. Die gemeinsamen Kinder sind jetzt Vollwaisen.

Wie häufig in solchen Fällen, verwerteten die Medien die spektakulären Ereignisse. Die Rap-Gruppe »El Salvador Mecate« veröffentlichte einen Song über die Taten Paradas. Das Lied wurde von den Radiosendern so oft gespielt und dadurch so populär, daß der Innenminister die Notbremse zog. Er ließ es verbieten und erklärte: *»Die Regierung muß das Recht haben, ein Lied, das gegen die guten Sitten verstößt, zu verbieten.«*

KOLUMBIEN

DAS MONSTER DER ANDEN

Der Fall Pedro Alonso López (1967–1980)

»Ich bin der Mann des Jahrhunderts. Niemand wird mich je vergessen.«

Pedro Alonso López wurde 1949 als siebtes von dreizehn Kindern in Tolmia, in der tiefsten Provinz Santa Isabel in Kolumbien, geboren. Seine Mutter war eine Prostituierte und setzte ihn mit acht Jahren kurzerhand aus, weil er seine jüngere Schwester unsittlich berührt hatte. Schöne, glückliche Jahre dürfte er in seiner Kindheit kaum verbracht haben, denn die herrschsüchtige Mutter war äußerst streng und griff stets mit eiserner Faust durch.

Über die Entwicklungsperspektiven der männlichen Kinder von Prostituierten sagte der weltberühmte amerikanische Profiler Robert K. Ressler Folgendes: »*Viele von ihnen überstehen eine traurige frühe Kindheit und schaffen den Absprung noch rechtzeitig, vorausgesetzt, jemand in der Nachbarschaft, der Schule oder eine Behörde nimmt sich des vorgeschädigten Kindes an. Treffen aber alle negativen Faktoren zusammen – eine abweisende Mutter, das Fehlen des Vaters oder Mißbrauch durch Vater oder ältere Geschwister, Versagen des Schulsystems, Ineffizienz der Behörden und die Unfähigkeit des Kindes selbst zu einer normalen sexuellen Entwicklung –, dann ist der Weg zum abweichenden Verhalten praktisch schon vorgegeben. […] Menschen, die seit ihrer Kindheit schwere Defizite mit sich herumschleppen, treten in kein vollkommen normales Erwachsenenleben ein. Aus ihnen werden die alkoholkranken Mütter, die gewalttätigen Väter, die ihrerseits eine Atmosphäre des Mißbrauchs schaffen, so daß ihre Kinder mit größter Wahrscheinlichkeit im selben Kreislauf landen. Dysfunktionale Erwachsene bereiten den Boden, auf dem kriminelle Fantasie und Taten zum Schaden ihrer Kinder und der Gesellschaft sprießen. […] Bis zum Alter von etwa zwölf Jahren besteht jedoch jederzeit die Möglichkeit zum Eingreifen, zur Verhütung des Schlimmsten. Ein liebevoller Stiefvater, ein Lehrer, eine Art großer Bruder kann in das Leben des geschädigten Kindes treten und es positiv beeinflussen.*«*

Auf der Straße wurde der kleine Pedro von einem pädophilen alten Mann aufgelesen, der ihm zunächst fürsorglich Essen und eine Schlafstatt anbot. Doch in dem verlassenen Haus, in dem der Junge unterkam, vergewaltigte ihn der Alte mehrmals, was zweifellos erhebliche psychische Schäden bei dem kleinen Pedro verursachte.

---

* Robert K. Ressler: »Ich jagte Hannibal Lecter«. München 1993.

Schon bald lief der Junge weg. Wie ein herrenloser Köter trieb er sich in den Straßen herum und lebte buchstäblich von der Hand in den Mund. Um zu überleben, durchwühlte er heißhungrig Abfallkörbe und Müllcontainer nach Speiseresten.

Verletzungen der Menschenrechte waren im Kolumbien der 1950er und 1960er Jahre an der Tagesordnung. Zudem herrschte ein gut zehn Jahre andauernder Bürgerkrieg. Mord und Totschlag, Betrug, Vergewaltigungen und Rechtsbruch gehörten zum damaligen Alltag.

Schließlich gelangte der Junge nach Bogotá, der Hauptstadt. Dort hatte er zum ersten Mal in seinem Leben Glück. Er fiel einer wohlsituierten amerikanischen Familie auf, die sich seiner annahm. Einige Zeit lebte er bei diesen Leuten, doch als sie wieder wegzogen, brachten sie ihn in einem Kinderheim unter. Es folgten ein paar ruhige Jahre für den kleinen Pedro, bis er eines Tages in der Schule Geld stahl. Aus Angst, bestraft zu werden, lief er davon.

Als Halbwüchsiger tat er sich mit einem Hehler zusammen, für den er gezielt Autos stahl und der ihn einigermaßen zufriedenstellend für seine »Dienste« entlohnte. Als man ihn schnappte, wurde er ins Gefängnis gesteckt. Dort wurde der inzwischen 18jährige von vier älteren Mithäftlingen vergewaltigt. Anstatt Anzeige zu erstatten, übte er Selbstjustiz. Er brachte seine Peiniger um, wobei er es verstand, diese Morde als Unfälle beziehungsweise Notwehr hinzustellen.

Aus dem Gefängnis entlassen, setzte er das Leben auf der Straße fort. Da er keinen richtigen Beruf erlernt hatte, überlebte er nur durch Mundraub, Betrug und kleinere Diebstähle.

In all diesen Jahren wuchs in Pedro ein unbändiger Haß auf seine Umwelt und die Gesellschaft. Von ihr fühlte er sich ausgenutzt, verstoßen und betrogen. Seine Zeit der Rache war gekommen – Rache durch sexuellen Mißbrauch junger Mädchen. Damit stieß er das Tor zur Hölle auf.

In den meisten Fällen werden die Verbrechen von Sexualmördern von Macht, Wut oder Haß ausgelöst. Nach Ansicht des österreichischen Kriminalpsychologen Thomas Müller gibt es einen großen Unterschied, ob der sexuelle Mißbrauch vor oder nach dem Mord passiert: *»Die Entscheidung des Täters, eine sexuelle Handlung vor oder nach Eintritt des Todes durchzuführen, hängt von seiner Fähigkeit ab, mit dem Widerstand des Opfers umzugehen.«* Denn manche Täter ertragen den Widerstand ihrer Opfer nicht. Ohne die Machtkomponente können sie keine Lust empfinden. Hierfür muß das Opfer wehrlos sein. Andere Täter dagegen schöpfen den Lustgewinn gerade daraus, daß das Opfer sich nach Kräften zur Wehr setzt. Gerade Kinder geraten oft in ihre Fänge, da ihre Gegenwehr vorhanden, aber schwach genug ist und die Täter die Kontrolle behalten.

Pedro Alonso López entwickelte vor allem eine Vorliebe für Entführungen von Kindern indianischer Volksstämme. Bis zum Jahre 1978 soll er im nördlichen Peru mindestens einhundert Mädchen vergewaltigt und getötet haben. Alle Opfer waren für ihn Fremde gewesen, gegen kein einziges Kind hatte er einen persönlichen Groll gehegt. In vielen Fällen gab es für die schreckliche Tat keinen anderen Beleg als das Wort des Mannes, der zugab, es getan zu haben.

Ein einziges Mal war er von Ayacuchos, einem peruanischen Indianerstamm, erwischt worden, als er ein neunjähriges Mädchen entführen wollte. Die Männer schlugen ihn halbtot, zogen ihn aus und folterten ihn. Anschließend sollte er lebendig begraben werden. Doch er hatte geradezu unglaubliches Glück, daß zufällig ein amerikanischer

Missionar in der Gegend arbeitete, der von diesem Vorhaben erfuhr. Er setzte all seine Überzeugungskünste ein, um die Ayacuchos dazu zu bringen, den Gefangenen lieber der Polizei auszuliefern, als ihn umzubringen.

Nun begann eine der weltweit entsetzlichsten Mordserien überhaupt. Pedro Alonso López trieb sich in den Folgejahren überwiegend in Kolumbien und Ecuador herum und ermordete in den Grenzgebieten dieser Länder zahllose Mädchen.* So entdeckte man beispielsweise im April 1980 bei Aufräumarbeiten nach heftigen Überschwemmungen nahe der Stadt Ambato in Ecuador die Leichen von vier lange gesuchten Kindern, die spurlos verschwunden waren.

Nur wenige Tage danach besorgte eine junge Frau, Carvina Poveda, Einkäufe in einem Supermarkt. Dort versuchte Alonso López auf besonders dreiste Art, ihre zwölfjährige Tochter María zu entführen. Mit dem Kind auf den Armen wollte er fliehen, doch das Verbrechen konnte in letzter Minute vereitelt werden. Bekannte hatten die Hilferufe von Mutter und Tochter gehört und verfolgten den Mann. Pedro Alonso López wurde schließlich der örtlichen Polizei übergeben.

Auf dem Kommissariat hatte man zunächst keine Ahnung, was für ein Vogel da ins Netz gegangen war. Außerdem war zunächst nichts aus dem Täter herauszubringen; er schwieg hartnäckig und zeigte sich verstockt. Schließlich beauftragte die Polizei den Pater Córdoba Gudino, den Häftling in der Zelle aufzusuchen und dazu zu bringen, *»seine Seele zu erleichtern«*.

Nach langen Verhören und sehr intensiven Gesprächen kam der Erfolg. Der Beschuldigte gestand, *»etwa hundert*

---

* Hunderte verschwanden in den späten 70er und beginnenden 80er Jahren. Eine genaue Zahl konnte dem »Monster der Anden«, wie man ihn schließlich nannte, nicht nachgewiesen werden.

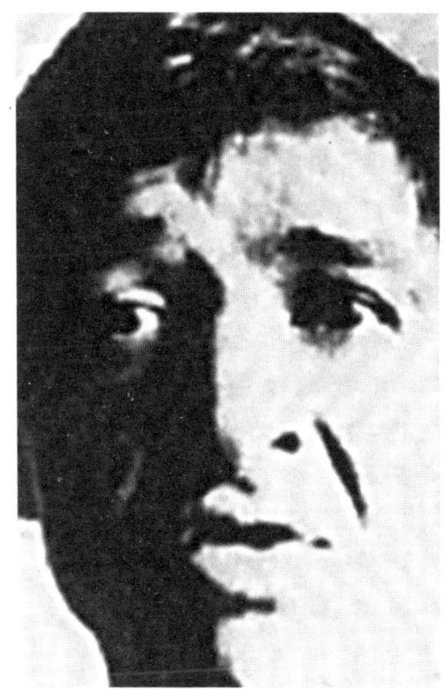

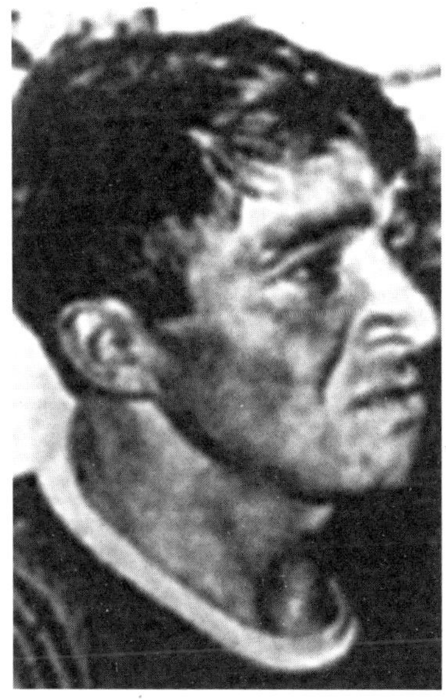

Pedro Alonso López.

Mädchen in Ecuador, weitere hundert in Kolumbien und bestimmt weit mehr als hundert in Peru« ermordet zu haben. *»Ich mag die Mädchen von Ecuador«,* sagte er zu den Polizisten. *»Sie sind viel sanfter und zutraulicher. Vor allem sind sie Fremden gegenüber nicht so verschlossen wie andere Mädchen.«* Am Ende versuchte er, seine unbegreiflichen Taten zu erklären. *»Ich habe meine Unschuld schon mit acht Jahren verloren«,* sagte er. *»Deshalb beschloß ich, das gleiche so vielen jungen Mädchen anzutun, wie nur irgendwie möglich.«*

Pedro Alonso López hatte seine Opfer vergewaltigt und ihnen zynisch in die Augen gestarrt, während er sie erdrosselte. Wenn sie sich im Todeskampf wanden, empfand er nach eigenem Bekunden, *»sein größtes Vergnügen«.*

Über sein Privatleben war nichts in Erfahrung zu bringen, was wohl auf sein unstetes Leben als Wanderer zurückzuführen war. Wen, außer den Ermittlern, hätte es auch interessieren sollen.

Angesichts der außergewöhnlich hohen Zahl an Mordopfern waren die Ermittler zunächst sehr skeptisch, ob der Festgenommene die Wahrheit sprach. Als Pedro Alonso López die Polizisten jedoch in rascher Folge zu 53, dann zu 28 und später noch einmal zu 58 Gräbern führte, lösten sich die Zweifel in Luft auf. Großes Entsetzen machte sich breit! Hatte dieser Mensch alle diese Kinder, die zwischen acht und zwölf Jahre alt gewesen waren, wirklich ermordet? Pedro Alonso López gestand sogar noch weitere Mordtaten. Plötzlich aber wollte er sich an rein gar nichts mehr erinnern. Alle Versuche, ihn wieder zum Reden zu veranlassen, scheiterten. Dennoch konnten ihm allein in Ecuador 53 brutale Mordtaten detailliert nachgewiesen werden, weshalb er noch im Jahr 1980 zu einer *»lebenslangen Freiheitsstrafe«* verurteilt wurde.

»Ich bin der bekannteste Mann dieses Jahrhunderts«, prahlte er einmal. *»Niemand wird mich je vergessen.«* Davon dürfte mit hundertprozentiger Sicherheit ausgegangen werden.

Weitere Haftstrafen hätte er in Kolumbien und Peru absitzen müssen, doch nach dem damaligen Recht dieser Andenstaaten durfte kein Verurteilter länger als 20 Jahre einsitzen. Damit endete die *»lebenslange Freiheitsstrafe«* des »Monsters der Anden« bereits im Jahre 1999. Sein derzeitiger Aufenthaltsort und Verbleib sind nicht bekannt.

KOLUMBIEN

DAS TIER

Der Fall Luis Alfredo Garavito (1992–1999)

»Ich habe da ein paar Kälbchen und brauche dringend Hilfe. Wenn du mit mir kommst, bekommst du tausend Pesos.«

Luis Alfredo Garavito Cubillos wurde am 25. Januar 1957 in der kolumbianischen Stadt Génova als das erste von sieben Kindern geboren. Die Kindheit, die er in einem Armenviertel verbrachte, verlief lieb- und freudlos. Der Vater, ein Alkoholiker und Schürzenjäger, nannte den Jungen meistens nur *»Bastard«* und *»Dummkopf«* und verprügelte ihn häufig. Seinen Erinnerungen zufolge soll ihn der Vater aber auch mißbraucht haben. Garavito berichtete:

Garavito als Kind.

»Mein Vater schlief nicht mit meiner Mutter, sondern mit mir. Er badete mich, er streichelte mich und war dennoch nicht lieb zu mir. Eines Nachts hat er meine Genitalien berührt und dann ... Diesen Mann habe ich nie gemocht, für mich war er so was wie ein Henker.«

Die Eltern sollen nahezu täglich gestritten haben, wobei sie sich die häßlichsten Schimpfworte und Beleidigungen an den Kopf warfen. Der Vater schlug die Mutter sehr oft. Wenn er sie dann an den Haaren hinter sich her zog, rief sie verzweifelt um Hilfe. Außerdem soll er ihr während einer Schwangerschaft Schnittverletzungen beigebracht haben – ein Bild, das sich dem Jungen ebenso zeitlebens einprägte wie die Worte des Vaters Außenstehenden gegenüber: *»Ich habe sie aus dem Schmutz gezogen, die Schlampe.«* Dennoch ertrug die Mutter die Demütigungen und Mißhandlungen nahezu 40 Jahre.

Im Alter von etwa zwölf Jahren wurde der kleine Luis von einem Freund seines Vaters ebenfalls vergewaltigt. Der Täter betrieb eine Drogerie und galt als anständiger Bürger. Er mißbrauchte den Jungen, schlug ihn, biß ihm in den Penis und ins Gesäß, brannte ihn mit einer Kerze, fesselte ihn an ein Bett und zwang ihn, derart abscheuliche Dinge zu tun, daß er an diese selbst in späteren Jahren nicht mehr erinnert werden wollte. Als er einige Jahre später pornographische Zeitschriften vorgesetzt bekam, ignorierte er diese und empfand die Darstellungen als abstoßend und ekelhaft. Luis soll den sexuellen Mißbrauch etwa zwei Jahre ausgehalten haben. Als die Familie nach Ceilán zog, fiel der Junge einem weiteren »Freund« seines Vaters in die Hände, einem Apotheker, der ihn gleichfalls mehrfach vergewaltigte. Später sagte er: *»Danach fühlte ich mich eigentlich nur noch von Personen meines Geschlechts angezogen. Meine Geschwister waren alle noch sehr klein. Ich hatte merkwürdige Gefühle, und so suchten wir uns ein Bett in der Wohnung, wo ich die anderen dazu brachte, sich auszuziehen. Ich habe sie dann überall gestreichelt, ihnen sonst aber nichts getan.«*

Aufgrund militärischer Unruhen zog die Familie erneut um, diesmal nach Trujillo, wo der Junge die Simón Bolívar-Schule besuchte. Anfangs unauffällig, traten schon bald interne Probleme auf. Der Junge galt als extrem schüchtern und verschlossen, allerdings auch gewaltbereit. Das lag vor allem daran, daß ihn die Mitschüler wegen seines Namens Garavito *»Garabato«* nannten, was unter anderem so viel wie »Kleckser«, aber auch »Müll« bedeutet. Weil er eine Brille trug, schikanierten sie ihn. Dazu kam, daß er an Lampenfieber litt und Minderwertigkeitskomplexe hatte, wenn er nach vorn an die Tafel treten sollte.

Die Schule brach er nach dem Besuch der 5. Klasse ab; mit 16 Jahren verließ er das Elternhaus nicht zuletzt deshalb, weil ihm der Vater verbot, eine Freundin zu haben. Etwa um diese Zeit näherte er sich erstmals einem kleineren Jungen, um an ihm unzüchtige Handlungen zu begehen, doch jener weigerte sich und schrie um Hilfe. Garavito wurde von einer Zivilstreife festgenommen, allerdings schon bald wieder freigelassen.

Wieder einmal zog der junge Mann um, diesmal nach Armenia, wo er einen Job in einer Bäckerei fand. Dort suchte er häufig die Kreise der »Anonymen Alkoholiker« auf, engagierte sich für die Kirche und verbrachte die Abende meistens allein oder in Gesellschaft sich prostituierender Kinder oder Heranwachsender. Da es immer öfter zu Streitigkeiten mit Arbeitskollegen kam und auch Arbeitsplätze schnell verloren gingen, suchte er über die Sozialversicherung psychiatrischen Beistand. Als er Claudia kennenlernte, die zwei Kinder hatte, »verliebte« er sich in sie und zog vorübergehend mit ihr zusammen. Dabei stellte er fest, daß ihm eine normale sexuelle Beziehung nicht möglich war. Fraglos litt er unter Impotenz.

Dem jungen Garavito boten sich kaum Chancen auf lohnenswerte Berufe, also arbeitete er zunächst als Land-, dann als Lagerarbeiter und schlug sich später als Straßenverkäufer durch. Auf diese Weise zog er mindestens fünfmal quer durch das ganze Land, wo er in 59 Städten und elf der 32 Bundesstaaten seine blutigen Spuren hinterließ.

In den Jahren 1980 bzw. 1981 kam es im kolumbianischen Sevilla häufiger zu unzüchtigen Handlungen an Kindern. Hatte sich Garavito zunächst damit begnügt, die Kinder auszuziehen und zu streicheln, ging er jetzt dazu über, sie zu fesseln, zu quälen und zu mißbrauchen. Als Folterinstrumente dienten ihm Rasierklingen, Kerzen und Feuerzeuge. Er zwang seine Opfer, ihr Sperma zu schlucken, biß sie in die Brustwarzen oder Genitalien – zu diesem Zweck hatte er sich bewußt einen Schneidezahn entfernen lassen.

In dieser Zeit offenbarte sich die gespaltene Persönlichkeit Garavitos. Seiner Taten wegen, die er penibel in ein kleines blaues Buch eintrug, plagten ihn Schuldgefühle. Während der Nachtstunden las er deshalb häufig in der Bibel, wobei er nach Psalmen suchte, die ihm zu seinem Seelenfrieden verhelfen sollten. Anschließend zog er sich aus und rezitierte die entsprechenden Stellen, indem er wie ein Raubtier im Käfig sein Zimmer durchmaß. Wenn er sich dann wieder gestärkt und ermuntert fühlte, zog er sich an und verließ die Wohnung auf der Suche nach neuen Opfern.

Im Alter von 27 Jahren erfolgte eine einmonatige psychiatrische Behandlung, in deren Folge Garavito als »geheilt« entlassen wurde. Während der nächsten acht Jahre entwickelte er sich zu einem brutalen Sadisten. 1992 stieß er in Jamundí endgültig das Tor zur Hölle auf: Er beging seinen ersten Mord, dem zwischen 1992 und 1999 mindestens 200 – wenn nicht sogar um die 300 – folgen sollten.

Der kleine Juan Carlos wurde das erste Opfer. Er hatte in einem Park gespielt und das Pech gehabt, zur falschen Zeit am falschen Ort zu sein. Vor einer Bar saß Garavito und trank ein Bier um das andere. Als er den Jungen entdeckte, lockte er ihn mit sich auf eine abgelegene Weide, wo sich das Mondlicht in Pfützen widerspiegelte, und brachte ihn um.

Seine Vorgehensweise war beinahe immer die gleiche. Er suchte nach Jungen, die seinen Vorstellungen entsprachen, versuchte, deren Vertrauen zu gewinnen, und lockte sie dann mit Süßigkeiten, Buntstiften oder Comics an einsame Stellen der jeweiligen Umgebung. Sein Lieblingsspruch war: *»Ich habe da ein paar Kälbchen und brauche dringend Hilfe. Wenn du mit mir kommst, bekommst du tausend Pesos.«* Vor Ort entkleidete er die Kinder, fesselte und quälte sie, vergewaltigte und tötete sie. Häufig schnitt er ihnen dabei die Kehle durch, gelegentlich trennte er ihnen auch den Kopf ab.

Über die letzten Sekunden vor dem Mord an Juan Carlos sagte Garavito später: *»Ich habe mich in meine Kindheit versetzt gefühlt, und plötzlich verspürte ich nur noch Haß ... Und dann war da eine Stimme, die mir befahl: ›Töte ihn, denn wenn du ihn tötest, wirst du viel davon haben.‹«*

Etwa ein Jahr später wandte er sich dem Okkultismus und Satanismus zu; in Verhören erklärte er: *»Ich praktizierte satanische Riten mit den Kindern, bevor ich sie umbrachte, das habe ich auf meine Art gemacht, will aber nicht sagen, auf welche Weise. Jedenfalls habe ich mit dem Teufel einen Pakt geschlossen.«*

Endlich konnte Garavito am 22. April 1999 in Villavicencio gefaßt werden. Ein Stadtstreicher war auf die Hilferufe eines zehnjährigen Jungen herbeigeeilt, den der Mörder schrecklich gequält hatte. Anschließend verständigte er die Polizei, die den Täter zunächst einfach wieder gehen ließ, ohne seine Personalien aufzunehmen. Kurze Zeit später startete sie jedoch eine Suche nach dem lüsternen Mann, an der sich auch zahlreiche Taxifahrer der Stadt beteiligten. Noch am gleichen Tag konnte Garavito festgenommen werden, weil die abgegebene Personenbeschreibung exakt gepaßt hatte. Der Festgenommene konnte sich nicht ausweisen, erklärte indessen, Bonifacio Mera Lizcano zu heißen, was aber ziemlich schnell widerlegt werden konnte. Schließlich wurde er als ein gewisser Luis Alfredo Garavito Cubillos identifiziert. Dabei stellte sich heraus, daß er häufig falsche Namen verwendet, die Haarfarbe und den Bart gewechselt sowie eine Brille getragen hatte. Seine Tarnungen als Straßenhändler, Bettler, Mönch oder Behinderter waren ausgesprochen erfindungsreich und wirkungsvoll gewesen.

Auf der Suche nach Opfern.

Einer kleinen Gruppe von vier Ermittlern war es zu verdanken, daß man den Serienmörder überführen konnte. Der Auswertung und dem Vergleich der einzelnen Tatorte zufolge hatten sie häufig die gleichen Spuren sichern können, zum Beispiel leere Schnapsflaschen oder Vaselinebehälter, die für den Analverkehr verwendet worden waren. Außerdem waren nahezu alle Verbrechen an Wochenenden verübt worden, an Markttagen also, an denen Garavito leichtes Spiel hatte, sich Kinder »auszusuchen«. Diese trieben für gewöhnlich Handel mit kleineren Waren, um etwas zum meist kärglichen Familieneinkommen beizutragen.

Weil die Ermittler unter anderem auch über Unterlagen gegen bekannt gewordene Pädophile verfügten, verdichtete sich der Verdacht gegen Garavito immer mehr, denn dieser hatte ja immer wieder Sexualkontakte mit Kindern gepflegt. Auf diese Weise stieß man auf einen Koffer, in dem sich zahlreiche Ausweise, Fotos und seltsame Papiere mit Notizen – darunter auch eine äußerst rätselhafte Strichliste – befanden. Sehr viel später fand man heraus, daß die Buchstaben und Symbole exakte Aufzeichnungen und Sachinformationen zu den einzelnen Morden darstellten.

Die kolumbianischen Medien bezeichneten Garavito alsbald als *»La Bestia« (»Das Tier«), »El Monje« (»Der Mönch«), »El Cura« (»Der Priester«)* oder als *»El Loco« (»Der Verrückte«).* Der Mörder nutzte den Rummel, der um seine Person gemacht wurde. Vor laufender Kamera bat er Gott und die Hinterbliebenen seiner Opfer um Verzeihung und gestand seine schrecklichen Taten.

Bei den Opfern handelte es sich im allgemeinen um Jungen im Alter von acht bis zwölf Jahren. Garavito gestand, 172 Kinder umgebracht zu haben, deren Tatorte er nahezu ausnahmslos auf einer Karte eingezeichnet hatte. Diese Leichen konnten gefunden werden. So wurden beispiels-

Garavito weint und bereut.

weise im Bundesstaat Risaralda mehr als 40 tote Kinder entdeckt, im benachbarten Bundesstaat Valle del Cauca annähernd 30 und nahe der Stadt Pereira um die 40. Da sich »El Loco« zudem in Ecuador aufgehalten hatte, wurden die Ermittlungen erschwert, denn man ging davon aus, daß er auch dort gemordet hatte.

Ausführliche fachärztliche Untersuchungen und Gutachten führten unter anderem zu erwiesenen hochgradigen Persönlichkeitsstörungen, die jedoch keine Unzurechnungsfähigkeit im juristischen Sinne begründeten. Demnach wurden erkannt: Mangel an Einfühlungsvermögen in zwischenmenschlichen Beziehungen, absolute Furchtlosigkeit und jegliches Fehlen von Reue, verzerrtes Selbstwertgefühl, extremes Sensationsbedürfnis, Mißachtung jeglicher Folgen seiner Taten, Egozentrik und Impulsivität, Größenwahn und Selbstrechtfertigung, ausgeprägte Pädophilie und Sadismus.

Natürlich forderte die Bevölkerung nach Bekanntwerden der ungeheuren Mordserie die Todesstrafe. Doch diese ist in Kolumbien infolge einer Modernisierung des Strafverfahrens abgeschafft worden. Dabei wurde auch ein Verbot erlassen, das die Häufung einzelner Strafen ausdrücklich ausschließt. Die Höchststrafe darf seither nur noch zwischen 25 und (höchstens) 40 Jahren Gefängnis betragen. Paradoxerweise gibt es über diese Regelung hinaus noch den Artikel 40 des Strafrechts. Er sieht ein sogenanntes »Strafbefehlsverfahren« vor, wonach der Angeklagte in eine zuvor absehbare oder ausgehandelte Strafe einwilligen kann, die vom vorsitzenden Richter – ohne Verhandlung, jedoch rechtsverbindlich! – festgelegt werden kann. Voraussetzung hierfür ist ein Geständnis des Täters sowie der eindeutige Nachweis, daß die Verbrechen von keiner anderen Person verübt worden sind.

Auf diese Weise wurde Garavito zur Höchststrafe, also zu 40 Jahren Gefängnis, verurteilt, von denen er bislang 14 Jahre abgesessen hat. Die Bevölkerung des Landes, die eine mögliche vorzeitige Freilassung befürchtet, wehrt sich vehement dagegen, vor allem auch im Hinblick auf eine 22jährige Gefängnisstrafe, die der Mörder in Ecuador zu verbüßen hätte. Der Andenstaat hatte die Auslieferung Garavitos im Mai 2011 beantragt; diese ist jedoch vom Obersten Gerichtshof Kolumbiens im Mai 2012 abgelehnt worden.

Seit er im isolierten Hochsicherheitstrakt einsitzt (damit er nicht von Mithäftlingen ermordet werden kann), hat Garavito mehrmals Selbstmordversuche unternommen. Sollte er tatsächlich jemals wieder in die Freiheit entlassen werden, will er angeblich »entweder Politiker oder Geistlicher« werden.

PERU

DER APOSTEL DES TODES

Der Fall Pedro Pablo Nakada Ludeña (2005–2006)

»Ich mußte die Welt vom Abschaum befreien.«

Pedro Pablo Nakada Ludeña wurde am 28. Februar 1973 als drittes von neun Kindern des José und der María in El Agustino, in der peruanischen Hauptstadt Lima, geboren. Jahrzehnte später zog er nach Huaral, wo er die Bürger alsbald in Panik versetzen sollte: Er beging nach eigener Aussage 25 Morde, weil er *»die Welt vom Abschaum befreien mußte«*.

Viel gerätselt wurde, weshalb der Mörder einen japanischen Familiennamen trug, obwohl er nachweislich nicht japanischer Abstammung war. Die Wahrheit ist, daß der junge Mann im Jahre 2003 seinen eigentlichen Namen »Mesías Ludeña« in »Nakada Ludeña« geändert hatte. Gegen Zahlung einer Summe von etwa 300 amerikanischen Dollar hatte er einen japanischen Bürger dazu gebracht, ihn zu »adoptieren«, um sich die Möglichkeit offenzuhalten, ein Visum für Reisen nach Japan zu erhalten.

Pedro hatte eine harte, freudlose Kindheit, die den Grundstein für seine späteren schrecklichen Taten legen sollte. Der Vater war Alkoholiker, schlug und demütigte die Mutter. Pedro wurde von seinen Brüdern mißbraucht, weil er angeblich einen Hund getötet hatte; er stritt es jedoch ab. Seine Schwestern dagegen zogen ihm immer wieder Mädchenkleider an, um sich über ihn lustig zu machen.

Selbst in der Schule wurde er gemobbt. *»Ich hatte nie Freunde, war immer allein. Die zogen mich an den Haaren oder neckten mich«,* erinnerte er sich später. Er sonderte sich ab, zog sich zurück und wurde aggressiv. Doch das war noch nicht alles. Die ältere Schwester vergewaltigte ihn, einer der Brüder zwang ihn zu Oralsex, die Mutter litt an bipolaren Störungen* und verprügelte ihn oft grundlos. Schließlich fing Pedro an, seine Wut und seinen Frust abzureagieren, indem er Tiere quälte und tötete.

Genetische Defekte gab es offenbar zuhauf in der Familie. Eine ältere Schwester der Mutter litt an Schizophrenie, eine Halbschwester der Mutter war *»psychisch gestört«* und eine Schwester des Jungen war depressiv; sie beging schließlich Selbstmord.

Während der Schulzeit hatte Pedro mehr und mehr Lernschwierigkeiten. Nach drei Jahren Grundschule ging er ab, schaffte es jedoch später trotz allem, zu einem tüchtigen

---

* Es handelt sich um eine psychische Störung, bei der die Betroffenen unkontrolliert von Affekten beeinflußt werden und zu starken Stimmungsschwankungen bzw. zu manisch-depressiven Verhaltensweisen tendieren.

Mechaniker ausgebildet zu werden. In seiner Jugend zerplatzte der Traum, Pilot zu werden. Nach nur zwei Monaten Militärdienst wurde der junge Mann wieder entlassen, weil die Ärzte *»psychische Störungen«* festgestellt hatten – eine Entscheidung, unter der er sehr litt. Er brauchte ein gutes Jahr, um darüber einigermaßen hinwegzukommen. Später überspielte er diese Niederlage, indem er behauptete, in früheren Jahren *»Angehöriger der Luftwaffe«* gewesen zu sein. Es war eine simple Lüge.

Etwa um diese Zeit beging der junge Mann seinen ersten Mord. In Mala wollte er von einem Bauern ein paar Wassermelonen stehlen. Als dieser ihn erwischte, erschlug Pedro ihn und flüchtete. In der Folgezeit startete er seine Mission. Auch wenn er selbst insgesamt 25 Morde gestanden hatte, konnten ihm die Ermittler letztlich doch »nur« die nachstehend geschilderten 17 Verbrechen nachweisen.

Am 1. Januar 2006 erschoß er den 26jährigen Carlos Edilberto Merino Aguilar am Strand von Chorrito de Chancay, weil dieser ihn hatte überfallen wollen. In Wirklichkeit aber war er selbst es, der dem Toten das Geld abnahm.

Am 31. Mai 2006 hatte die Polizei in einem Slum von Huaral die Leiche der 50jährigen Teresa Cotrina Abad entdeckt und ermittelt, daß Nakada sie erschossen hatte. Der Mörder gab vor Gericht zu: *»Ich habe sie beim Kiffen erwischt. Als ich neben ihr stand, habe ich mir gesagt: ›Die lebt wohl nur dafür‹, und ihr zwei Kugeln in den Kopf gejagt.«*

Am 20. Juli 2006 war der 44jährige Walter Osorio Sandoval in die Notaufnahmestation des Regionalkrankenhauses von Huaraldicho gebracht worden; Nakada hatte auf ihn geschossen, *»weil es sich bei dem Mann um einen Verbrecher gehandelt habe«*. Die Polizei konnte dies nur bestätigen. Osorio konnte von den Ärzten nicht mehr gerettet werden.

Am 8. August 2006 fanden Polizisten die Leiche des 30jährigen Gerardo Leonardo Cruz Libia auf dem Grund eines Brunnens auf; er befand sich in Rückenlage und war erschossen worden. Nakada hatte ihn umgebracht, um zu vermeiden, daß Cruz gegen ihn aussagte. Beide hatten früher einmal Autos gestohlen und in einem Fall sogar gemeinsam einen Autobesitzer getötet. Die Polizei fand heraus, daß Nakada dieses schmutzige Geschäft aufgegeben hatte, von Cruz jedoch bedrängt worden war, es wieder gemeinsam mit ihm auszuüben. In dieser Bredouille hatte er den ehemaligen Partner kurzerhand »liquidiert«.

Die Leiche des 21jährigen Carlos Walter Tarazona Tolentino wurde am 18. August 2006 gegen 10 Uhr morgens in einem ausgetrockneten Kanal von Huaral aufgefunden. Der Mann lag auf dem Bauch; auch er war erschossen worden. Vor Gericht sagte Nakada aus, er habe Tarazona beim Konsumieren von Drogen beobachtet. Die Mutter des Ermordeten versicherte dagegen immer wieder, daß ihr Sohn *»absolut sauber«* und *»immer ein braver Junge«* gewesen sei.

Die 15jährige María Verónica Tolentino Pajuelo wurde nur einen Tag später, gegen 20 Uhr, tot in der Nähe zur Einfahrt ins Stadtzentrum von Lucio Fundo, im Bezirk Sayán, entdeckt. Sie war durch Kopfschuß aus einer 9-mm-Pistole erschossen worden. Nakada hatte in diesem Fall seine halbautomatische Pistole am Tatort neben dem Fahrrad des Opfers zurückgelassen. Zu diesem Fall befragt, äußerte der Mörder, daß er *»einfach so«* auf Maria gefeuert habe und deshalb auch bedauere, daß sein Opfer erst 15 Jahre alt gewesen sei. Später behauptete er, er habe es auf das Fahrrad abgesehen, es dann aber nicht an sich genommen, weil ein Reifen beschädigt gewesen sei.

Die Leiche des Hugo Vílchez Palomino wurde am 18. November 2006 um 18.20 Uhr in Huaral entdeckt. Dem Toten waren eine Pistole der Marke Baikal, ein Handy und ein Sony-Discman gestohlen worden. Dieses Verbrechen hatte Nakada mit den Brüdern Ciriaco Durand verübt; die Beute hatten sie untereinander geteilt. Das Opfer war mit einem Fahrrad, die Räuber mit einem Motorrad unterwegs gewesen. Auf gleicher Höhe mit Vílchez Palomino feuerte Nakada die tödlichen Schüsse ab. Nach eigenen Angaben tat er es, weil Vílchez *»seiner Frau«* schöne Augen gemacht habe. Da es keine offizielle Gattin Nakadas gab, vermuteten die Ermittler, daß es sich hierbei allenfalls um eine mit ihm befreundete Krankenschwester gehandelt haben könnte.

Am Abend des 22. November 2006 fand man in der Pampa de la Huaca die Leichen des 32jährigen Luis Enrique Morán Cervantes, des 24jährigen Pedro Omar Carrera Carrera und des 22jährigen Enoch Eliseo Félix Zorrilla. Morán war Taxifahrer gewesen, die anderen beiden Fahrgäste. Nakada hatte das Fahrzeug geklaut. Dennoch hatte er eine Rechtfertigung für den Dreifachmord. Er behauptete steif und fest, daß er diese drei Männer schon seit längerem gesucht habe; sie seien *»schmutzige Straßenräuber«* gewesen und er habe sie deshalb beseitigen müssen.

Der Kosmetiker Widmar Jesús Muñoz Villanueva soll homosexuell gewesen sein, im Friseursalon Guisella in Huaral gearbeitet und dort auch seine besonderen Dienste angeboten haben. Wenige wußten, daß er HIV-infiziert war. Am 19. November 2006, gegen 18 Uhr, betrat Nakada den Salon, um den Gerüchten auf den Grund zu gehen. Er fragte den Mann, ob er »für ihn etwas tun könne«, und als dieser Anstalten traf, sich auszuziehen, schoß er ihm dreimal ins Genick. Dann entnahm er die Tageseinnahme und verschwand.

Am 10. Dezember 2006 war Nakada erneut mit den Brüdern Ciriaco Duran auf einem Raubzug, wieder waren sie mit dem Motorrad unterwegs. Opfer wurde diesmal Nell Cajaleón Pajuelo. Sie lockten ihn zum Ausgang des Einkaufszentrums von Sacachispa, wo Nakada ihm in den Kopf schoß. Sie zerrten den Toten an eine abgelegene Stelle – unweit von derjenigen, an der man Vílchez Palomino gefunden hatte –, raubten ihn aus und flüchteten.

Ein homosexuelles Paar, Nazario Julián Tamariz Pérez (24) und Didier Jesús Zapata Dulanto (26), beide Lehrer, spazierte am 17. Dezember 2006, gegen 18 Uhr, entlang eines Bewässerungskanals in Huaral, als mit einem Mal Nakada auftauchte. *»Ich sah, wie die beiden händchenhaltend dahin schlenderten und Zärtlichkeiten austauschten; das brachte mich auf die Palme«*, berichtete der Mörder bei den Verhören. *»Weil ich die Erde von solchen Elementen reinigen muß, hatte ich keine andere Wahl – ich mußte sie töten, denn die Homosexuellen schaden der Gesellschaft.«* Dabei rutschte er nervös auf seinem Stuhl hin und her. Nach der Rekonstruktion des Tathergangs hatte er Tamariz bereits mit zwei Schüssen getötet, als Zapata vor ihm auf die Knie sank und den Schützen anflehte, ihn nicht umzubringen. Doch der ließ sich nicht erweichen. Er erschoß auch ihn. Dann nahm er den Toten das Schuhwerk und ihre Barschaft ab und verschwand.

Der 46jährige Agustín Andrés Maguiña Oropeza und der 54jährige Luis Melgarejo Sáenz waren zwei Alkoholiker, die gern auf freiem Feld zechten, so auch am 24. Dezember 2006. Gegen 20 Uhr wurden sie – in der Nähe von San Carlos – von Nakada überrascht, der ihnen ohne Vorwarnung in die Köpfe schoß. Der Mörder behauptete, er habe es getan, weil die beiden gefährliche Zeugen einer seiner früheren »Aktionen« gewesen seien.

El 'Apóstol' Maldito

Entre las víctimas de Pedro Nakada, el mayor asesino serial peruano, aparecen: 1 Gerardo Cruz Libia. 2 Didier Zapata Dulanto. 3 Hugo Vilchez Palomino. 4 Teresa Cotrina Abad. 5 José Gamboa Purizaga. 6 Walter Sandoval Osorio. 7 Agustín Maguiña Oropeza. 8 Enoch Félix Zorrilla. 9 Luis Melgarejo Sáenz. 10 Nazario Tamariz Pérez. 11 Carlos Toledo. 12 Carlos Merino Aguilar. 13 Jorge Hidalgo Páucar. 14 Widmar Muñoz Villanueva. 15 Pedro Carrera Carrera. 16 Luis Morán Cervantes. 17 Neil Cajaleón Pajuelo y 18 Pablo Rodríguez Roa. A algunos los escogió y otros se cruzaron en su camino por accidente. Pero a todos los mató a balazos con un arma con silenciador artesanal.

CARETAS / ENERO 11, 2007 73

Titelseite der peruanischen Zeitschrift »Caretas« (2007): »El Apóstol maldito« (»Der verdammte Apostel«).

Am 27. Dezember 2006 ging bei der Polizei von Huaral ein Notruf ein. Ein gewisser Nicolás Tolentino Purizaca sei angeschossen und lebensgefährlich verletzt worden. Auf dem Weg zu einer Klinik verstarb der Mann. Zu einem späteren Ermittlungszeitpunkt stellte sich heraus, daß Tolentino vor Jahren einmal Nakada bestohlen hatte, der für diese Heimtücke nun Rache geübt hatte. Nakada, der *»Apostel des Todes«*, wie ihn die örtliche Presse mittlerweile titulierte, behauptete zudem, der Mann sei ein Drogenkonsument und Strauchdieb gewesen – *»Abschaum«* also, den er habe beseitigen müssen.

Dies war die letzte Untat gewesen, die der »Apostel des Todes« verübt hatte. Bereits einen Tag später, am 28. Dezember 2006, wurde Nakada an seiner Arbeitsstelle im Viertel La Huaquilla festgenommen. Der gefährliche Verbrecher wollte im letzten Moment noch fliehen und feuerte so lange auf die Polizisten, bis ihm die Munition ausging. Als man ihn auf dem Revier ersten Verhören unterzog und ihn begangener acht Morde beschuldigte, entgegnete Nakada zynisch: *»Sie irren sich, meine Herren, es waren nicht*

Nakada bei der Festnahme.

acht, sondern 25. Es war meine Aufgabe, ich mußte die Welt vom Abschaum befreien. Gott selbst hat mir diese Aufgabe zugewiesen.«

Man hatte ihn wohl im richtigen Augenblick geschnappt, denn im Laufe der Untersuchung erklärte der Mörder: *»Für Neujahr hatte ich Großes geplant: Da wollte ich eine Granate aus dem Krieg in eine Diskothek werfen. Was meinen Sie, wie viele Huren, Alkoholiker und Kiffer dabei draufgegangen wären.«*

In dem Prozeß, der Anfang Januar 2007 begann, waren sich die Gutachter zunächst nicht einig, ob bei der Festsetzung des Strafmaßes von Unzurechnungsfähigkeit oder Schuldzuweisung ausgegangen werden sollte. Schließlich aber einigte man sich nach Beweisführung der oben geschilderten 17 Mordtaten auf Zurechnungsfähigkeit. Das Gericht verhängte die Höchststrafe von 35 Jahren Gefängnis.

Das traf den selbsternannten »Abschaumbeseitiger« hart, weshalb er mehrfach versuchte, sich selbst zu töten, indem er immer wieder mit dem Schädel gegen die Wand stieß. *»Ich habe die Stimmen meiner Eltern gehört und zusätzlich eine fremde, die mir befahl, alle Korrupten, alle Homos, alle Diebe und alle Alkoholiker umzubringen! Aber das geht ja jetzt nicht mehr, weil man mich eingesperrt hat. Jetzt habe ich Stimmen gehört, die mir befahlen, mich selbst umzubringen.«*

Seither wurde alles getan, um weitere Selbstmordversuche zu verhindern. 2009 kam es zur Sensation: Im Zuge neuerlicher fachgutärztlicher Untersuchungen wurde festgestellt, daß Nakada eben doch für absolut unzurechnungsfähig zu erklären sei, weil er *»an schizophrener Paranoia«* leide. Man war sich nun sicher, daß Nakada stets ein Einzelgänger gewesen war, dessen Taten als Folge fortwährender Frustrationen verstanden werden müßten. Aufgrund seiner

Hirnerkrankung hatte er gegen alle geltenden Regeln verstoßen, denn seine Werteskala entsprach absolut nicht der normaler Menschen. Bei all seinen Morden hatte er niemals wahrgenommen, was er eigentlich angerichtet hatte. Folglich hatte er auch keine Reue empfinden können. Nach Ansicht der Gutachter war die Kindheit Nakadas absolut traumatisch verlaufen, die oben geschilderten Ereignisse hatten sie ganz entscheidend geprägt.

Die Entscheidung, wonach der Serienmörder zu insgesamt 35 Jahren Freiheitsstrafe verurteilt worden war, wurde deshalb vom Obersten Gerichtshof aufgehoben und der Häftling in die psychiatrische Abteilung des Gefängnisses von Lurigancho eingewiesen. Die Bevölkerung reagierte empört; sie hat keinerlei Verständnis für diese Maßnahme.

DIE BESTIE VOM MANGROVENWALD

Der Fall Daniel Camargo Barbosa (1984–1986)

»Mein Ding war es nicht zu drohen.«

Zwischen 1984 und Februar 1986 erschütterte eine Terrorwelle das Land Ecuador. Immer wieder wurden nackte und mit einer Machete zerstückelte Mädchenleichen in einsamen, entlegenen Mangrovenwäldern aufgefunden. Die meisten von ihnen waren erst acht oder neun Jahre alt gewesen.

Kein Mensch hätte vermutet, daß ein gewisser Daniel Camargo Barbosa hinter diesen Morden steckte. Der 1,65 Meter große, schlanke 50jährige war zwar als frauenfeindlich bekannt, doch nur wenige Menschen wußten, daß er ein eiskalter Psychopath war, der vom Jungfräulichkeitswahn geradezu besessen war.

Auf Camargos Konto gingen 71 Morde, die Polizei vermutete allerdings, daß es mehr als doppelt so viele gewesen sein dürften. Weil die meisten Leichen in Mangrovenwäldern geborgen wurden, erhielt er von der Presse schnell den Beinamen *»El Monstruo de los Manglares« (»Die Bestie vom Mangrovenwald«).*

Daniel Camargo Barbosa wurde am 22. Januar 1930 in den kolumbianischen Anden geboren.* Noch bevor er ein Jahr alt war, verstarb seine Mutter, woraufhin sein Vater ein zweites Mal heiratete. Weil die Stiefmutter sich immer eine Tochter gewünscht hatte, steckte sie den Jungen oft und gern in Mädchenkleider, was dazu führte, daß der kleine Daniel in der Schule unentwegt gehänselt und gemobbt wurde. Dieser Zustand belastete seine Psyche auf Dauer erheblich. Vom Vater, der Alkoholiker war, konnte der Junge weder Abhilfe noch Verständnis erwarten. Daniel empfand ihn ohnehin als geldgierig, lieblos und despotisch.

Später sagte er einmal: *»Meine Stiefmutter mochte keine Jungen, nur Mädchen. Deshalb wurde meine Schwester auch maßlos verwöhnt. Sie durfte alles, ich hingegen gar nichts. Vielleicht litt sie an irgendeinem Trauma aus ihrer eigenen Kindheit. Ich weiß nicht, ob sie mich gehaßt oder geliebt hat, in jedem Fall hat sie mich als Jungen nicht akzeptiert. Indem sie mir Mädchenkleider anzog, sah sie ein Mädchen in mir, und alles war gut.«* Der maßlose Haß auf das weibliche Geschlecht dürfte seine Wurzeln in diesen frühen Jahren gehabt haben.

Dennoch erzielte Daniel an seiner Schule in Bogotá hervorragende Leistungen. Leider konnte er nicht auf ihnen aufbauen und studieren, sondern mußte – um zum Familieneinkommen beizutragen – ein Arbeitsverhältnis

* Der genaue Ort ist nicht bekannt geworden.

aufnehmen. Bitterkeit und Groll auf das Schicksal, das seiner Meinung nach reichlich ungerecht mit ihm verfuhr, waren die Folge.

Kaum erwachsen, begann er ein Verhältnis mit Alcira, mit der er zwei Kinder zeugte. Als er jedoch die 28jährige Esperanza kennenlernte, verliebte er sich sofort heftig in sie und verließ Alcira. Esperanza verdrehte ihm gehörig den Kopf, so daß er sich vornahm, sie in jedem Fall zu heiraten. Doch wieder meinte es das Schicksal nicht gut mit ihm. Diese Frau war weder Jungfrau, noch treu. Schon nach kurzer Zeit erwischte er sie mit einem anderen Mann im Bett.

Daniel war frustriert und zutiefst verletzt. Anstatt jedoch wie ein normaler Mann zu reagieren, überlegte er sich eine raffinierte Strategie für die Zukunft. Er nutzte Esperanzas Schuldgefühle aus und überredete sie, ihm fortan junge und vor allem unberührte Mädchen zuzuführen.

In der Folgezeit lockte Esperanza immer wieder kleine Mädchen in die gemeinsame Wohnung und verabreichte ihnen ein wirksames Schlafmittel, damit Daniel sie entjungfern konnte. Viermal kamen sie ungestraft davon, das fünfte Opfer jedoch erlebte die Vergewaltigung so klar mit, daß es das Geschehen detailliert zu Hause erzählen konnte. Die Eltern des Kindes erstatteten unverzüglich Anzeige, woraufhin das Pärchen verhaftet wurde und 1964 im Gefängnis einsaß.

Nachdem zunächst die Rede von einer Freiheitsstrafe von drei Jahren gewesen war, traf das Schicksal Camargo erneut härter. Während seines Gerichtsverfahrens wurde der bisher zuständige Richter abgelöst und ein Nachfolger eingesetzt, der das Gesetz sehr viel strenger auslegte. Er verhängte eine Gefängnisstrafe von acht Jahren über Camargo. Das hatte zur Folge, daß der Verurteilte alle Vorsätze auf Besserung fallen ließ. Zudem schwor er sich, künftig

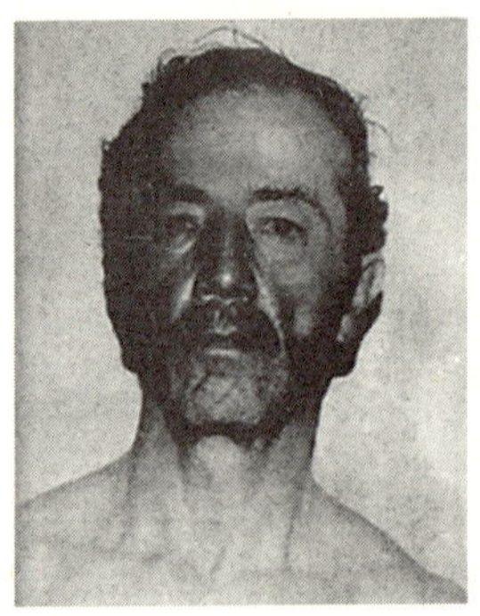

Links: Camargo, Polizeifoto.
Rechts: Inselgefängnis von Gorgona.

dafür zu sorgen, daß niemand mehr gegen ihn aussagen könne.

Nach der Entlassung aus dem Gefängnis arbeitete Camargo als ambulanter Verkäufer von Fernseh-Bildschirmen in Barranquilla. Eines Tages, als er an einer Schule vorbeikam, erblickte er ein neunjähriges Mädchen, das ihn ungeheuer erregte. Er lockte das Kind mit sich an einen abgelegenen Ort, wo er es sogleich vergewaltigte und erwürgte. Die Leiche des Kindes ließ er achtlos liegen. Dies war sein erster Mord. Weil er in seiner Aufregung ein paar Bildschirme am Tatort liegen gelassen hatte, kehrte er tags darauf dorthin zurück, um diese an sich zu nehmen.

Einem aufmerksamen Polizisten war es zu verdanken, daß Camargo, der sich dort äußerst verdächtig benahm, praktisch am Tatort verhaftet werden konnte. Diesmal wollte die kolumbianische Justiz ein Exempel statuieren. Der Richter verurteilte ihn im Dezember 1977 wegen des Mordes zu 25 Jahren Gefängnis auf der Strafinsel Gorgona, dem Pendant zum kalifornischen Alcatraz.

Obwohl bis dahin noch keinem Gefangenen die Flucht von der Insel geglückt war – das umliegende Gewässer war von Haien übersät –, schaffte es Daniel Camargo wie durch ein Wunder, nach zehn Jahren wieder die Freiheit zu erlangen. Bei einem Spaziergang entdeckte er ein verlassenes Boot am Strand. Ohne Nahrung ruderte er drei Tage lang unentwegt, bis er die kontinentale Küste erreichte. Die kolumbianischen Behörden gingen nach der Entdeckung seiner Flucht davon aus, daß er den Haien zum Fraß gedient hatte. Kein Hahn krähte mehr nach ihm. Statt dessen vagabundierte Camargo zunächst durch brasilianisches Territorium, bis er nach Ecuador kam, wo er sich vor polizeilichem Zugriff sicher glaubte. Hier begann seine grausige Mordserie.

Am 18. Dezember 1984 verschwand in Quevedo ein neunjähriges Mädchen. Nur einen Tag später wurde ein weiteres vermißt gemeldet, diesmal eine Zehnjährige. In der Folgezeit reihte sich ein Fall an den anderen. Die Opfer wurden schrecklich zugerichtet. Sie wurden vergewaltigt und erwürgt, oft auch erstochen und zerstückelt. Die blutige Spur verlief quer durch das Land, Camargo mordete in Guayaquil, Quito, Ambato, Machala, Nobal, Quevedo und Ventanas, um nur einige Schauplätze seiner Untaten zu nennen. Die Opfer entstammten meist bäuerlichen Familien, aber auch Schülerinnen, Studentinnen oder Haushaltshilfen waren unter ihnen; ein Mädchen war sogar in Karate geschult. Keinem der Opfer gelang es jedoch, sich entscheidend gegen den eher schmächtigen Mann zur Wehr zu setzen.

Der Landstreicher mußte sich in dieser Zeit gewaltig einschränken. So übernachtete er beispielsweise in Guayaquil auf einem öffentlichen Marktplatz oder auf Parkbänken und verfügte meist nur über Tageseinnahmen von etwa 40 Sucres, etwa 1 US-Dollar. Dabei konnte er sich zwangsläufig nur von den primitivsten Speisen ernähren. Wenn er ein Kind ermordet hatte, verkaufte er alles, was irgendwie zu Geld zu machen ging: Schreibzeug, Kleidung und Schmuck.

Camargo war alles andere als ein anziehender, attraktiver Mann. Das machte er sich zunutze. Mit der Bibel in der Hand näherte er sich den Kindern, gab sich für einen Fremden aus und behauptete, einen Pfarrer aufsuchen zu müssen, um ihm Geld zu überbringen. Er wäre daher dankbar, wenn man ihn zu einem Priester begleitete. Für diese »Dienstleistung« stellte er eine kleine Belohnung in Aussicht.

Wenn die Mädchen bereits etwas älter waren, gab er vor, ihnen gemeinsam mit dem Priester bei der Vermittlung einer Arbeitsstelle behilflich sein zu können. Damit seine Begleiterinnen nicht mißtrauisch wurden, bestiegen sie zunächst einen Bus. An einer einsamen Haltestelle gab Camargo einen Grund vor, plötzlich aussteigen zu müssen – die passende Gelegenheit für seine finsteren Zwecke.

Scheinheilig schritt er voran; das Mädchen folgte ihm arglos. Dann schlug er plötzlich vor, eine Abkürzung zu nehmen. Weigerte sich ein Mädchen mitzukommen, ließ er es gehen und es überlebte. Diejenigen aber, die ihm vertrauten, steckten in der Falle. In unwegsamem Gelände zog er einen Revolver hervor, schüchterte sie ein und gestand ihnen, daß die Geschichte mit dem Priester erfunden war. Beschwichtigend erklärte er, nichts Schlimmes mit ihnen vorzuhaben, er wolle nur Liebe mit ihnen machen. Vor Gericht sagte Camargo: *»Mein Ding war es nicht zu drohen, ich habe immer Überzeugungsarbeit bevorzugt.«*

Das Gedächtnis des Mörders Camargo war bestens geschult und funktionierte einwandfrei. So prägte er sich nahezu alle Details seiner Verbrechen genau ein und speicherte auch die Namen seiner unglücklichen Opfer, soweit er sie in Erfahrung gebracht hatte. Sooft sich eine Gelegenheit dazu ergab, behielt er auch irgendeinen persönlichen Gegenstand als grausiges »Souvenir«.

Zuletzt hieb er für gewöhnlich mit seiner Machete auf die Toten ein, gelegentlich entnahm er ihnen auch Organe. Dies tat er, wie er behauptete, vor allem deshalb, um möglichst wenig Spuren zu hinterlassen. Überdies trug er stets ein zweites Hemd bei sich, um es wechseln zu können. Waren die Hände blutbesudelt, urinierte er darüber, um sie zu säubern.

Camargo war, wie schon erwähnt, schmächtig gebaut, dunkelhäutig und klein. Er hatte nur wenig Haare und eine hohe, gefurchte Stirn. Die Hände waren groß. Wenn er es sich leisten konnte, legte er Wert darauf, gut gekleidet zu sein. Um möglichst lässig und überlegen zu wirken, steckte er sich oft und gern auch eine Zigarette in den Mundwinkel.

Als Junge hatte er Basketball und Fußball gespielt, auf Gorgona hatte er das Tauchen entdeckt und mit dem Tischtennis begonnen. Er war intelligent und gebildet; sein Intelligenzquotient lag bei 116. Der Journalist Francisco Febres Cordero, der ihn von Befragungen her recht gut kannte, sagte einmal: *»Camargo war niemals um eine Antwort verlegen und verstand es, über Gott und den Teufel gleichermaßen zu reden. Er war sehr belesen und imstande, Hesse, Vargas Llosa, García Márquez, Nietzsche, Stendhal oder Freud zu zitieren. Nach seinem letzten Mord fand man bei ihm sogar eine Ausgabe von Dostojewskis ›Schuld und Sühne‹.«*

Für Prostituierte hatte Camargo nie etwas übrig gehabt. Er ekelte sich vor ihnen und fürchtete sich davor, bei einem eventuellen Kontakt mit einer Geschlechtskrankheit angesteckt zu werden. Er wollte nur reine, unberührte Mädchen, also Jungfrauen. Deshalb waren kleine Mädchen seine bevorzugte Zielgruppe. Und da er zudem ein Sadist war, erregte es ihn ganz besonders, wenn die Mädchen während der Vergewaltigung weinten oder schrien.

Als Camargo am 26. Februar 1986 die neunjährige Isabel Telpes vergewaltigt und ermordet hatte, fiel der Verbrecher an der Promenade Los Granados einer Polizeistreife auf, weil er sich recht seltsam benahm. Die Polizisten hielten ihn an, um ihn routinemäßig zu überprüfen. Der Verdächtige gab sich als Manuel Solís Bulgarín aus und war bemüht, einen größeren Beutel nicht aus der Hand zu geben. Als die Polizisten hineinschauten, entdeckten sie blutbefleckte Kinderkleidung darin. Sie brachten den Mann daher sofort aufs Revier, wo er in Untersuchungshaft kam.

María Alexandra Vélez, ein Mädchen aus Guayaquil, das dem Unhold kurz vor einer Vergewaltigung entronnen war, konnte ihn zweifelsfrei identifizieren. Zu einem noch wichtigeren Indiz wurde allerdings ein Bonbonpapier, das man bei der getöteten zwölfjährigen Gloria Andrino gefunden hatte. Daran fanden sich die Fingerabdrücke ihres Mörders.

Der Häftling gestand schließlich am 31. Mai 1986 insgesamt 71 Morde und ebenso viele Vergewaltigungen. Mit großer Gefühlskälte führte er die Ermittler anschließend an

Links: Camargo nach seiner Festnahme.
Rechts: Schaurige Reste von einigen Opfern Camargos in Ecuador.

Gefängnis von San Moreno, in dem Camargo ermordet wurde.

die Tatorte. Als fragwürdige Rechtfertigung seiner grausigen Verbrechen diente Camargo lediglich die Überzeugung, sich für viele Jahre der Demütigung gerächt zu haben.

Zunächst saß der Mädchenmörder im Gefängnis von Guayaquil ein, 1989 verbrachte man ihn dann nach Quito, wo das Strafverfahren zum Abschluß gebracht wurde. Das Gericht verurteilte den Mörder zu 16 Jahren Gefängnis, der zulässigen Höchststrafe in Ecuador. Die ersten Tage war Pedro Alonso López, das »Monster der Anden«, unmittelbarer Zellennachbar Camargos. Die »Bestie vom Mangrovenwald« sollte die Strafe im García Moreno-Gefängnis indes nicht absitzen. Am 13. November 1994 wurde Camargo von dem 29jährigen Häftling Luis Masache Narváez, dem Cousin eines seiner Opfer, mit den Worten ermordet: *»Die Stunde der Rache ist gekommen. Stirb, du Hund!«*

EIN FÜNFZEHNJÄHRIGER SERIENMÖRDER

Der Fall Juan Fernando Hermosa Suárez (1991–1992)

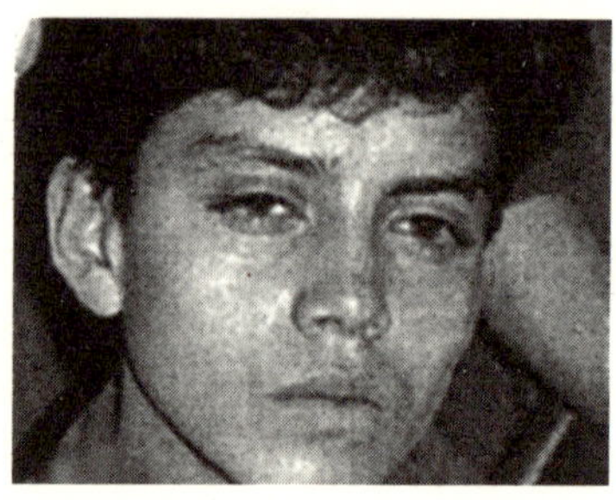

»Meine Absicht war nie, jemanden umzubringen.«

Im Februar 1996, gegen drei Uhr nachmittags, fand eine Gruppe von Bauern am Ufer des ecuadorianischen Flusses Aguarico die Leiche eines jungen Mannes. Er war mit einem schwarzen Hemd, einer weinroten Hose, weißer Unterwäsche, schwarzen Strümpfen und weißblauen Filzpantoffeln der Marke Reebok bekleidet. Eine Kugel war ihm in die Stirn gedrungen, das Gesicht war eingefallen und durch einige Schnitte mit einer Machete derart zugerichtet, daß es nicht mehr zu erkennen war. Zahlreiche Messerschnitte und die mit einem verzinkten Draht auf den Rücken gebundenen Hände belegten, daß dem Tod offenbar eine Folterung vorausgegangen war. Außerdem wies die Leiche Einschußlöcher eines größeren Kalibers auf.

Die Polizei, die sofort verständigt worden war, entdeckte in den Taschen des Toten Fotos von Mädchen, Telefonnummern, sechs Liebesbriefe aus den Jahren 1993 und 1994 sowie Ausweispapiere, die auf einen gewissen Juan Fernando Hermosa Suárez lauteten. Major Carlos Merino, der Leiter des Trupps, war davon überzeugt, daß es sich hier um einen Racheakt unter Kriminellen handelte. Die gefesselten Hände, die Schnitte mit der Machete, die Schußverletzungen und die Spuren der körperlichen Mißhandlungen sprachen eine zu deutliche Sprache.

Der Tote war ein alter Bekannter, der nur einen Monat nach seiner Entlassung – nach Verbüßung einer Freiheitsstrafe von vier Jahren wegen der kaltblütigen Ermordung von 22 Menschen – einen entsetzlichen Tod gefunden hatte. Diese Freilassung hatte die ecuadorianische Öffentlichkeit aufs Tiefste empört. Man konnte nicht begreifen, wie es möglich sein konnte, einen 22fachen Mörder nach nur knapp vier Jahren wieder freizulassen. Acht Taxifahrer, zehn Homosexuelle, ein Lkw-Fahrer und dessen Beifahrer sowie noch zwei andere Personen, darunter der Polizeibeamte Neptali Sailema, gingen auf das Konto des ruchlosen jungen Mannes, der vermutlich der jüngste Serienmörder in der Kriminalgeschichte Ecuadors sein dürfte.

Dabei hätte man nur das Strafgesetzbuch Ecuadors zu Rate ziehen müssen. Dieses sieht für jugendliche Straftäter, die das 18. Lebensjahr noch nicht vollendet haben, lediglich eine Höchststrafe von vier Jahren vor. Ob der junge Mann allerdings rückfallgefährdet war oder nicht, war eine ganz andere Frage. Der Kapuzinerpater José Antonio López, der dem Delinquenten Gefängnisbeistand geleistet hatte und sein Beichtvater gewesen war, erklärte diesbezüglich: *»Kein Mensch kann garantieren, daß Juan Fernando nicht wieder Verbrechen begeht. Doch dessen ungeachtet hat er seine*

Strafe verbüßt und damit das Recht, seine Zukunft neu zu gestalten.« Und nach einer Weile fügte er hinzu: *»Ich habe seine Akte niemals studiert, die war nicht wichtig für mich. Ich habe ihm gesagt, daß mich nur der Juan Fernando von heute interessiert, nicht der der Vergangenheit. Dort liegt sie, in meinem Schreibtisch. Wenn er wieder herauskommt, werde ich ihn umarmen und ihm meinen Segen erteilen. Diese Umarmung kann er in seiner Erinnerung bewahren, der Segen wird ihm nützen, solange er das will.«*

Feststeht aber, daß der Häftling auf seine Rückkehr in die Gesellschaft in keiner Weise vorbereitet wurde, dies gab auch Bruder Rolando Cuentas, der Leiter des Instituts für Wiedereingliederung, zu. Überdies war Hermosa während seiner Haft streng von den anderen Gefangenen isoliert. Die einzigen Kontakte, die er unterhalten hatte, waren die zu seinem Komplizen Luis Quishpe, zu seinem Vater und dem Gefängnisgeistlichen. Wäre er also am Leben geblieben, wenn man ihn zu einer längeren Gefängnisstrafe verurteilt hätte? Der Strafrechtler Albán Gómez und Bruder Rolando Cuentas sind beide der Meinung, daß die angebliche Hinrichtung das Fehlen jeglicher Legitimität der ecuadorianischen Justiz belegt.

Was den jungen Mann veranlaßt hatte, die vielen Morde zu begehen, war letztlich ungeklärt geblieben. Während Hermosa behauptet hatte, auf Befehl Joffre Limas, eines pensionierten Generals, gehandelt zu haben, der die Vergewaltigung und den Tod seiner Tochter durch einen Taxifahrer hatte rächen wollen, gingen die Staatsanwaltschaft und das Gericht davon aus, daß er ganz einfach nur gemordet hatte, um sich zu bereichern. Gegen Hermosa sprachen außerdem zwei Fluchtversuche, die vereitelt werden konnten.

Es war ein offenes Geheimnis, daß der Führer der »Banda del terror« (»Bande des Schreckens«), wie man Hermosa und seine Komplizen nannte, im Januar 1996 in die Stadt Nueva Loja, in der Provinz Sucumbia, gekommen war, wo er unter dem Schutz seines Vaters lebte. Der hatte in La Joya de los Sachas, einem Dorf in der Nähe von Shushufindi, Grundbesitz. Viele Leute behaupteten, ihn auch bei Besuchen von Diskotheken und Bordellen in Coca und Nueva Loja gesehen zu haben. Dann war er plötzlich verschwunden. Als man ihn wiederfand, war er tot.

Wie hatte dieser Fall begonnen? Hermosa wurde am 28. Februar 1976 in der Provinz Los Ríos geboren, wo er auch aufwuchs. Zoila Amada Suárez, die Mutter, litt an Taubheit und Arthritis, Olivo Hermosa Fonseca, der Vater, hatte den Jungen adoptiert, kümmerte sich aber sehr um ihn. Schon früh trieb sich der Junge, der sehr schlank war und eher schwächlich aussah, in Spielhallen und Lokalen herum. Bekannte erinnerten sich an seinen durchdringenden Blick, was wohl auch mit seinen hervorquellenden Augen zusammenhing. Im Alter von etwa zwölf Jahren klaute er in Quito erstmals Schuhe aus einem Schaufenster und – im gleichen Jahr – ein Auto in Ambato. Schließlich schloß er sich einer Gruppe von etwa zehn Jungen gleichen Alters an, in der er schon bald die Führungsrolle übernahm.

Als die Halbstarken vermehrt Bars, Diskotheken und Nachtklubs besuchten, fehlte es immer öfter an Geld, und so beschloß man, sich welches durch Überfälle zu beschaffen. Doch dazu brauchte man Waffen. Von ein paar korrupten Polizisten verschaffte sich die Bande Pistolen. Eines Tages machte Juan Fernando Hermosa seinen Gefährten vor, wie er sich das vorstellte. Gemeinsam mit vier Komplizen hielten sie ein Taxi an, der Junge hielt dem Fahrer eine Pistole an die Schläfe und jagte ihm dann eine Kugel in den Kopf. Dann fuhr einer von ihnen in den Südosten der Stadt, um die Leiche an einem Rain des Tals von Chillos abzuladen.

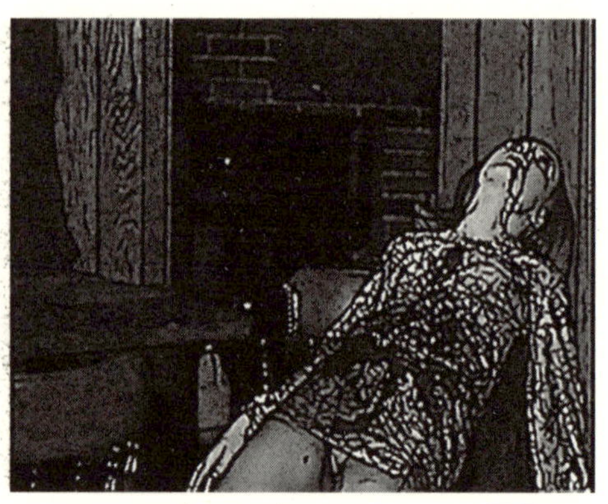

Bei einem Schußwechsel zwischen ihrem Sohn und der Polizei kam die Mutter ums Leben.

In diesem Stil ging es weiter, bis Hermosa am 9. Januar 1992 von zwei Polizisten in Clemente Baquerizo, wieder in der Provinz Los Ríos, festgenommen werden konnte. Die Festnahme verlief allerdings spektakulär und tragisch. Hermosa hatte in der Wohnung seiner Mutter genächtigt und durch einen Zufall deren Schlafzimmer benutzt, während sie im Gästezimmer schlief. Als die Polizei, die anonym über Hermosas Anwesenheit informiert worden war, blitzartig eindrang und das Feuer eröffnete, gelang es dem Mörder, aus dem Fenster zu springen und von der Straße aus auf die Vertreter der Obrigkeit zu schießen. Bei dem Gefecht wurde die Mutter, die ja taub war und das Ganze wohl gar nicht richtig realisierte, tödlich verwundet. Hermosa selbst konnte bald darauf gestellt und überwältigt werden.

»Meine Absicht war nie, jemanden umzubringen«, sagte der jugendliche Mörder später vor Gericht. *»Ich habe die Leute immer aufgefordert, sich ruhig zu verhalten, dann würde ihnen nichts passieren. Doch sie haben nicht auf mich gehört. Einer hat mich mit einem Revolver, Kaliber 22, bedroht, ein Taxifahrer wollte mit einem Wagenheber auf mich einschlagen und so weiter, da mußte ich mich einfach verteidigen.«*

DER MÖRDER VON SUCRE

Der Fall Jaime Benjamín Cárdenas Pardo (2004–2010)

»Kriminell bin ich geworden, um die Aufmerksamkeit meiner Eltern zu erringen und um Freunde zu gewinnen.«

Am 9. April 1987 wurde Jaime Benjamín Cárdenas Pardo in der bolivianischen Stadt Santa Cruz geboren. Er ist der bislang berüchtigtste Serienmörder des Landes. *»Ich habe neun Geschwister, aber ich bin das schwarze Schaf der Familie«,* sagte er in einem Verhör. Der junge Mann wurde wegen der Vergewaltigung und Ermordung von zwei Universitätsstudentinnen zu 30 Jahren Gefängnis verurteilt. Gestanden hat er allerdings, 30 Menschen getötet zu haben.

Er war kein planvoller Mörder. Die Fachgutachter stuften ihn als genußsüchtig, sinnlich, sadistisch und als Psychopathen ein. Die Liste seiner Straftaten ist ellenlang und reicht von Diebstahl und Straßenraub bis hin zu Vergewaltigung und Mord. Bevorzugt überfiel er Spaziergänger, Auto- und Motorradfahrer oder Ladenbetreiber. Gern mischte er sich auch in Straßenhändel ein, die gelegentlich mit einer Bluttat endeten.

»Ich habe mich immer aggressiv verhalten, wenn ich Drogen genommen hatte«, berichtete der Häftling. *»Vor allem nach Kokain war es schlimm. Ich möchte allen jungen Leuten raten, daß sie nicht Drogen nehmen sollen. [...] Es ist übrigens nicht entscheidend, was man tut oder ob einem verziehen wird, sondern es kommt vielmehr darauf an, ob man sich selbst verzeihen kann. Es mag zwar verlockend sein, sich Geld zu verschaffen und eine Zeitlang Spaß zu haben, doch das wird sich auf die Dauer rächen. [...] Ich bereue, was ich getan habe und bin es leid zu fliehen. Doch wenn es sein muß, fliehe ich eben wieder. [...] Das Gefängnis schreckt mich nicht, es ist mir gleich, wie lange ich drin sein muß. Ich will mein Leben ändern, möchte einen Schulabschluß, um danach Medizin zu studieren. Denn ich will etwas Nützliches tun, ich habe viel Unheil angerichtet.«*

Der Junge kam aus einer sehr großen Familie. Als sich die Eltern scheiden ließen, wuchs er beim Vater, unter den Fittichen einer Stiefmutter, auf. Sie schenkte ihm wenig Beachtung und kaum Zuneigung, weshalb er immer wieder unerlaubte Dinge tat, damit sie sich überhaupt mit ihm beschäftigte. Es gab häufig Streit. Noch öfter aber lief er von zu Hause weg, trieb sich auf der Straße herum und probierte Alkohol und Drogen. *»Ich bin kriminell geworden, um die Aufmerksamkeit meiner Eltern zu erringen und um Freunde zu gewinnen«*, gestand er. *»Mit elf Jahren begann ich zu trinken, es war entweder Wein oder Sekt.*

Mit 13 lernte ich an der Schule Schnaps und Marihuana kennen, mit 14 dann Kokain.«

Kokain ist dafür bekannt, schwere Gehirnschäden zu verursachen und den Körper einer Art Rückentwicklung zum Steinzeitmenschen zu unterziehen. Zudem gilt sie als *»die Unmoral fördernd«*. Der Konsum von Kokain wirkte sich verhängnisvoll auf den Jugendlichen aus.

Im Alter von 17 Jahren beging Cárdenas in La Paz seinen ersten Mord. Angeblich war der nicht geplant, sondern war die Konsequenz des erbitterten Widerstandes, den das Opfer leistete. Kurz nach dem Verbrechen wurde er verhaftet. Cárdenas machte, da er keine Ausweispapiere mit sich führte, eine falsche Angabe über sein tatsächliches Alter, die ihm der Untersuchungsrichter abnahm. Mangels Beweisen zu dem ihm zur Last gelegten Mordfall wurde er unbegreiflicherweise noch am selben Tag wieder freigelassen – wohl der einfachste Weg für die Justizbehörde, sich die Kosten für eine längere Strafhaft, Wiedereingliederungsmaßnahmen in die Gesellschaft oder eine teure psychiatrische Therapie zu sparen. Statt dessen nahm sie lieber die Bedrohung der öffentlichen Sicherheit in Kauf.

Im Oktober 2009 machte Cárdenas, von der englischsprachigen Presse häufig als *»El Jimmy«* tituliert, die Bekanntschaft von Ever Albis Vera, einem ehemaligen Polizisten in Sucre. Dieser Mann war aus dem aktiven Dienst entlassen worden, weil er einem peruanischen Häftling im Gefängnis von San Roque zur Flucht verholfen hatte. Seltsamerweise arbeitete er weiterhin verdeckt mit seinen Ex-Kollegen zusammen.

Die beiden Männer lernten eines Nachts zwei etwas leichtlebige Studentinnen kennen: Nairobi Alexis Muñoz (21) und María Delgado Roso (20). In einem Nachtclub setzten sie die Mädchen unter Drogen, vergewaltigten sie und brachten sie anschließend um. Dabei gingen sie sehr grausam zu

Werke, zerschnitten ihnen die Gesichter mit Messern und erschlugen sie mit Steinen. Nach der Tat stahlen sie ihnen sämtliche Barschaft und flüchteten.

Bald darauf stellte sich heraus, daß die beiden Mädchen die Verlobte und die Freundin eines bekannten Geschäftsmannes gewesen waren, der mit Luxusautos handelte. Die Rache des Geschädigten ließ nicht lange auf sich warten und fiel entsetzlich aus. Ihm genügte es nicht, den Täter verurteilt und hinter Gittern zu wissen; er trachtete nach Blutvergießen und ließ Cárdenas' kleinen Sohn von einem Auftragsmörder umbringen. *»Im August 2010 haben sie ihn getötet«,* sagte »El Jimmy« später. *»Als mein Junge aus einem Geschäft kam, hat man ihn in ein Auto gezerrt und dann erstochen. Ich frage Sie: Was für ein Herz muß man haben, wenn man so etwas tut? Dies war der Grund, warum ich danach 15 Männer umgebracht habe – zehn in Santa Cruz, zwei in Cochabamba und drei in Sucre. Aber insgesamt waren es wohl mehr als dreißig.«*

Der Rachefeldzug begann am 17. Februar 2011, als Cárdenas in La Paz einen Peruaner überfiel und mit seinem Messer attackierte, ohne ihn allerdings zu töten. Die Tat war beobachtet und angezeigt worden, weshalb es einer »Spezialeinheit im Kampf gegen das Verbrechen« schnell gelang, Cárdenas festzunehmen. Kurze Zeit in Freiheit, mußte er wegen der nächsten Tat wieder einsitzen. So folgten etliche Male Festnahmen auf Freilassungen. Das klappte deswegen so reibungslos, weil Cárdenas es sich zur Gewohnheit gemacht hatte, einen Teil seiner Beute dafür zu verwenden, Polizisten zu bestechen, damit sie ihm bei Bedarf zur Flucht verhalfen oder aber ihn warnten, um einer Festnahme rechtzeitig zu entgehen. Mindestens vier Beamte sollen von ihm geschmiert worden sein; keiner derjenigen wurde jemals ausfindig gemacht.

Festnahme von Cárdenas Pardo.

Nach einer spektakulären und intensiven Fahndung konnten die beiden Mörder der Studentinnen doch noch geschnappt und vor Gericht gestellt werden. Das Gerichtsverfahren gegen Cárdenas dauerte länger als ein Jahr. Bemerkenswert aus dieser Zeit ist ein Detail, das wenig Hoffnung auf Einsicht und mögliche Besserung des Angeklagten macht: Einmal, in einem Wutanfall, warf Cárdenas eine gefüllte Plastikwasserflasche nach der Staatsanwältin und drohte ihr mit persönlicher Rache, falls es ihm gelänge, aus dem Gefängnis zu entkommen. Angesichts dieser Bedrängnis bekam die Anwältin Polizeischutz zugesichert.

Am 6. Dezember 2011 wurden Cárdenas und Albis Vera wegen Vergewaltigung und Ermordung der Studentinnen zu jeweils insgesamt 30 Jahren Haft verurteilt. Nach Abschluß des Verfahrens wurde »El Jimmy« ins Gefängnis von San Roque in Sucre verbracht, wo er seine Strafe in einer Einzelzelle verbüßen sollte. Tatsächlich gelang dem Mörder am 30. März 2012 während eines Gangs zur Toilette die Flucht.

Cárdenas bei der Gerichtsverhandlung.

Um des gefährlichen Verbrechers erneut habhaft zu werden, versicherte sich Bolivien unter anderem auch der Hilfe von Interpol, welche sofort einen weltweiten Fahndungsaufruf verbreitete. In einem Sicherheitshinweis hieß es explizit: *»Wenn Sie beim Nachhausekommen Ihre Türe geöffnet vorfinden, so treten Sie nicht ein. Verständigen Sie die Polizei und berühren Sie nichts, bevor nicht unsere Beamten erschienen sind. Sie verfügen über die entsprechenden Fachkenntnisse.«*

Wider Erwarten hatten die polizeilichen Aktionen schnellen Erfolg: Bereits am 3. Mai 2012 konnte Cárdenas in Yucumo von der erwähnten Spezialeinheit festgenommen werden. Er leistete keinerlei Widerstand und wurde unverzüglich ins Chonchocoro-Gefängnis von La Paz geschafft, wo er derzeit seine Strafe verbüßt.

CHILE

DER SCHAKAL VON NAHUELTORO

Der Fall Jorge del Carmen Valenzuela Torres (1960)

»... nach Ansicht des örtlichen Richters war der Wein schuld daran.«

Das Jahr 1960 war für das Land Chile in mehrfacher Hinsicht ein ganz besonders ereignisreiches. Zunächst forderte ein Erdbeben etwa 1655 Menschenleben, dann folgte ein Tsunami bei Valdivia und zu – wirklich – guter Letzt machte es Bekanntschaft mit dem Rock 'n' Roll. Doch 1960 ereignete sich ebenfalls eines der schlimmsten Verbrechen der Kriminalgeschichte überhaupt: ein Massenmord mit sechs Todesopfern, verübt von Jorge del Carmen Valenzuela Torres, einem Mann, der als der »Schakal von Nahueltoro« bekannt werden sollte. Am 20. August 1960 drehte dieser Mann in der Ortschaft Nahueltoro, die zur Gemeinde Cato gehört, völlig durch und ermordete seine Lebenspartnerin sowie deren fünf Kinder.

Der etwa 1940 geborene Valenzuela hatte keine Familienangehörigen und keine Ahnung, wer seine Eltern gewesen waren. Da er das Lesen und Schreiben nie gelernt hatte, vagabundierte er als Analphabet durchs Land auf der Suche nach Gelegenheitsarbeit. Wenn er keine fand, ernährte er sich von Kaninchen, Vögeln und Fischen und verwilderte immer mehr. Eines Tages hatte ihn ein Bauer auf brachliegendem Gelände geborgen, mit zu sich nach Hause genommen, ihn mit Kleidung versorgt und ihm die nötigsten Arbeiten beigebracht.

Wieder bei Kräften, begab er sich erneut auf Wanderschaft und sprach kräftig dem Alkohol zu. Sobald er Aussichten hatte, welchen zu bekommen, war er Diebstählen und Einbrüchen gegenüber nicht abgeneigt.

Eines Tages machte der Landstreicher, den man auch »El Canaca« (»Der Kanake«), »El Campano« (»Der Bauer«), »La Trucha« (»Die Forelle«) und »El Chacal de Nahueltoro« (»Der Schakal von Nahueltoro«) nannte, Halt im Hause Rosa Rivas. Sie war Köchin, Witwe von fünf Kindern und ließ es zu, daß Valenzuela nach kurzer Zeit des Kennlernens bei ihr einzog. Die Beziehung hätte sich – trotz seiner Schwächen – ganz normal gestalten können, wenn nicht die häufigen Alkoholexzesse des Landstreichers das Leben erheblich beeinträchtigt hätten. Eines Tages war das Maß voll und Rosa warf ihn hinaus. Doch der »Schakal« verstand es, sie wieder um den Finger zu wickeln. Er überredete sie, mit ihm und den Kindern nach Chacayal zu gehen, wo er hergekommen war. Die Familie machte sich schließlich wirklich auf den Weg. Dabei gelangten sie bei Anbruch der Nacht ans Ufer des Ñuble-Flusses, in der Nähe von Nahueltoro, wo sie volle drei Monate auf einem Grundstück lagerten.

Am 20. August 1960 sollte die Frau – wie jeden Monat auch – die monatliche Witwenrente in San Carlos abholen. Als sie jedoch am gemeinsamen Aufenthaltsort eintraf, hatte sie keinen Peso dabei. Aufgrund eines technischen Problems in der Verwaltung war es ihr nicht gelungen, das Geld abzuheben. Ihr Partner, der fest mit dem Geld gerechnet hatte, sah rot, ergriff ein Messer in der Art einer Machete, das auch als Sense diente, und hieb damit auf die Frau ein. Er traf sie am Kopf und am Hals, die Schnitte waren absolut tödlich. Nach der Tat legte er sich seelenruhig schlafen. Als er am darauffolgenden Morgen bemerkte, was er angerichtet hatte, war ihm klar, daß er keine Zeugen hinterlassen durfte. Daher metzelte er nun auch noch die fünf Kinder Alicia, Rosina, Jovina und Judith sowie ein erst vor kurzem geborenes Kleinkind nieder, das noch gar nicht getauft worden war. Außerdem wollte er ihnen, wie er später erklärte, ein Leben wie seines – ohne Mutter – ersparen. Die Leichen deckte er mit Steinen zu. Sie wurden jedoch bereits ein paar Stunden später von Don Exequiel Dinamarca, dem Besitzer des Grundstücks, auf dem sie eine Bleibe gefunden hatten, entdeckt. Sofort verständigte er die Polizei.

»Der Schakal«, denn nur er konnte der Täter gewesen sein, war in die Kordilleren, die er bestens kannte, geflohen. Die Polizei machte sich sogleich auf die Suche nach ihm. Viel wußte man nicht von Valenzuela, lediglich, daß er ein rastloser Typ von 23 Jahren war, der praktisch von der Hand in den Mund lebte. Ein Foto mußte für die Fahndung herhalten. Schließlich wurde er hinter einem Gebüsch in der Nähe der Ortschaft von General Cruz aufgegriffen. Er trug einen ungepflegten Bart, war völlig betrunken, apathisch und litt offenbar großen Hunger. Die Polizei hatte arge Mühe, ihn vor der aufgebrachten Menge, die über die Presse von dem Verbrechen vernommen hatte, zu schützen.

Festnahme von Jorge Valenzuela.

Jorge Valenzuela wurde ins Gefängnis von Chillán verbracht, wo ihm der Prozeß gemacht wurde. Das Verfahren sollte drei Jahre dauern. Zunächst verhängte das Schwurgericht von Chillán eine Gefängnisstrafe von 33 Jahren, dann aber wurde diese vom Berufungsgericht in die Todesstrafe umgewandelt, welche kurz darauf vom Obersten Gerichtshof bestätigt wurde. Jorge Alessandri, der damalige Staatspräsident des Landes, war gleichfalls nicht bereit, vom Begnadigungsrecht Gebrauch zu machen. So wurde der »Schakal von Nahueltoro« am 30. April 1963 von zwei Polizisten gefesselt und mit verbundenen Augen in den Gefängnishof geführt, wo der Geistliche Eloy Parra mit ihm ein letztes Gebet sprach. Um 07.23 Uhr erfolgte die Erschießung durch acht Schützen. Der Gerichtsarzt bestätigte den Tod des Delinquenten, der anschließend auf dem Friedhof von San Carlos beerdigt wurde.

Die Vollstreckung dieses Todesurteils war sehr umstritten in der chilenischen Gesellschaft. Es wurde als paradox betrachtet, einerseits auf die Resozialisierung des Häftlings hinzuarbeiten, ihn dann aber doch hinzurichten. Während der Haft hatte man Valenzuela Lesen und Schreiben beigebracht, ihn zu einem Beruf ausgebildet; er hatte Gitarre spielen gelernt und war auch in Religion unterrichtet worden, schließlich ganz »offiziell« katholisch geworden. So mutierte der »Schakal« im Laufe der Jahre zu einer Art Volksheld, über den unter anderem das folgende Gedicht geschrieben und sogar ein erfolgreicher Film* gedreht wurde.

Ha dado mucho que hablar
crimen tan premeditado
y a muerte lo han condenado
por esta causa al Chacal.
Según el juez del lugar
la culpa la tuvo el vino
el que sigue este camino
con frecuencia se embrutece
y es peor que martes trece
el que tiene este destino.

So hatte ein volkstümlicher Lyriker gedichtet. Auf Deutsch könnte man das so übersetzen:

Das kaltblütige Verbrechen
hat für viel Gesprächsstoff gesorgt;
aus diesem Grund ist der Schakal
auch zum Tode verurteilt worden.
Nach Ansicht des örtlichen Richters

---

* Miguel Littin drehte 1969 den Spielfilm »Der Schakal von Nahueltoro« mit Nelson Villagra in der Hauptrolle. Im Jahr 2005 drehte der chilenische Regisseur Guillermo González einen Dokumentarfilm mit dem Titel »Bajo el sur: tras la huella de un asesino milagroso«.

war der Wein schuld daran.
Deshalb sollte jeder, der diesen Weg geht,
bedenken, daß er oft zu solcher Brutalität führt.
Schlimmer als Freitag, der 13.* ist,
wer ein solches Schicksal erfährt.

Kritisiert wurde vor allem, daß Bürgermeister und Gefängnis-Chef Alfonso Piedra zeitlebens den Wahlspruch vertrat: *»Die Wände dieses Gebäudes sollen eine Quelle für Reformen und Glauben sein«*, dessen Umsetzung auf diesen Häftling ganz gewiß nicht zugetroffen hat. Valenzuela hat in seinen Gesprächen mit dem Gefängnisgeistlichen immer wieder darauf hingewiesen, daß er keinerlei Erziehung genossen hatte (auf einem Zettel hat er einmal notiert: *»enducación de naiden«*, was eigentlich *»educación por parte de nadie«* hätte heißen müssen: *»Erziehung durch niemanden«*). Zudem hat er seine fürchterliche Tat aufrichtig bereut.

Pikant ist das Detail, daß es eine Menge Menschen gab (und gibt), die zur Begräbnisstätte von Torres del Carmen pilgerten (und pilgern), gerade so, als handle es sich um das Grab eines Heiligen.

* Im spanischsprachigen Raum hat Dienstag der 13. das Los des Unglückstages, so wie es Freitag der 13. im deutschsprachigen Raum hat.

DIE KILLER VON VIÑA DEL MAR

Der Fall Jorge Sagredo Pizarro und Carlos Topp Collins (1980–1981)

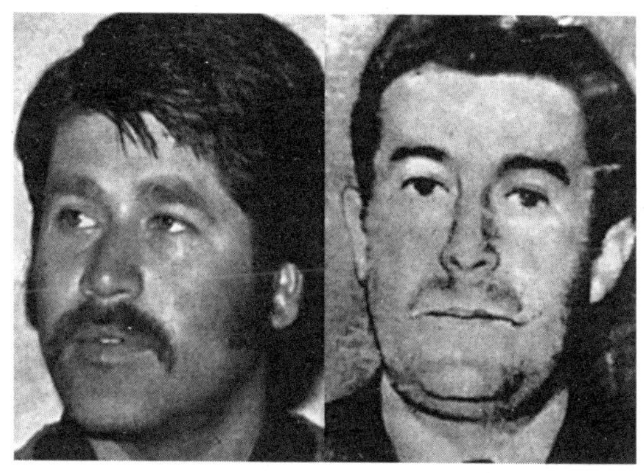

»Ich bin schuldig, aber ich will nicht sterben.«

Die beiden Serienmörder Jorge Sagredo Pizarro und Carlos Topp Collins gelten als die »Psychopathen von Viña del Mar«. In den Jahren 1980 bis 1981 ermordeten sie zehn Menschen, wofür sie zum Tode verurteilt und hingerichtet wurden. Der Fall dürfte zu den denkwürdigsten der chilenischen Kriminalgeschichte zählen.

Im Rahmen dieser Mordserie wurden zwei Untersuchungen parallel zueinander durchgeführt: eine von der örtlichen Polizeieinheit, die andere seitens der Landespolizei. Das Verdienst, die beiden Mörder ermittelt zu haben, kam dabei dem Unteroffizier Juan Quijada Flores zu. Das Vorgehen der befreundeten Täter war so einfach wie hinterhältig. Als dienstbefähigte Polizisten hielten sie Autos an, verlangten Ausweispapiere und ermordeten die Fahrer. Anschließend beraubten sie ihre Opfer. Handelte es sich bei den Insassen um Paare, wurden die Frauen jeweils vergewaltigt, jedoch am Leben gelassen.

Jorge José Sagredo Pizarro wurde am 22. August 1955 in dem beliebten Küstenort Viña del Mar geboren. Er war von mittlerer Größe, trug einen blonden, gepflegten Schnurrbart und wirkte im allgemeinen recht einschüchternd. Er war als gewalttätiger und jähzorniger Typ bekannt, galt als entschlossen und grausam. Carlos Alberto Topp Collins, am 25. Januar 1950 ebenfalls in Viña del Mar geboren, war groß, hatte feine Gesichtszüge und wirkte freundlich und umgänglich. Keiner der beiden Männer zeigte Reue nach den Mordgeständnissen.

Bereits nach dem dritten Mord hatte in der Gartenstadt Panik um sich gegriffen. Das Nachtleben reduzierte sich um nahezu 50 Prozent: Restaurants schlossen früher, Leute, die allein unterwegs waren, schlossen sich in Gruppen zusammen, alle einsamen und abgelegenen Orte wurden

Leiche des Enrique Gajardo, gefunden am 6. August 1980 in Viña del Mar.

streng gemieden und der Rat ernst genommen: Hütet euch vor den Psychopathen!

Daß nahezu ein ganzes Jahr verstrich, bevor man den beiden Polizisten auf die Schliche kam, lag wohl vor allem daran, daß man diese Berufsgruppe als letzte verdächtigt hätte. Der Verhaftung vorausgegangen waren wiederholte telefonische Hinweise aus der Bevölkerung. Man habe verdächtige Personen gesehen, die bevorzugt Paare beobachtet hätten ... Als ein gewisser Raúl Rojas Anzeige erstattete, nachdem er überfallen worden war, bekam man ein klareres Bild von den Tätern: *»Es waren zwei Typen, die bei Sausalito auf mich geschossen haben«*, berichtete er. *»Einer der beiden trug einen schwarzen und kurzen Parka mit einem breiten weißen Reißverschluß, außerdem Jeans und Wanderschuhe. Er hatte einen kalten, durchdringenden Blick.«*

Quijada erinnerte sich später noch oft daran, daß er kurze Zeit danach ausgerechnet Sagredo über den Weg gelaufen war. Die Begegnung rief eine Initialzündung bei ihm hervor, denn der Kollege entsprach exakt dieser Beschreibung.

Unteroffizier Juan Quijada Flores trug entscheidend zur Festnahme bei.

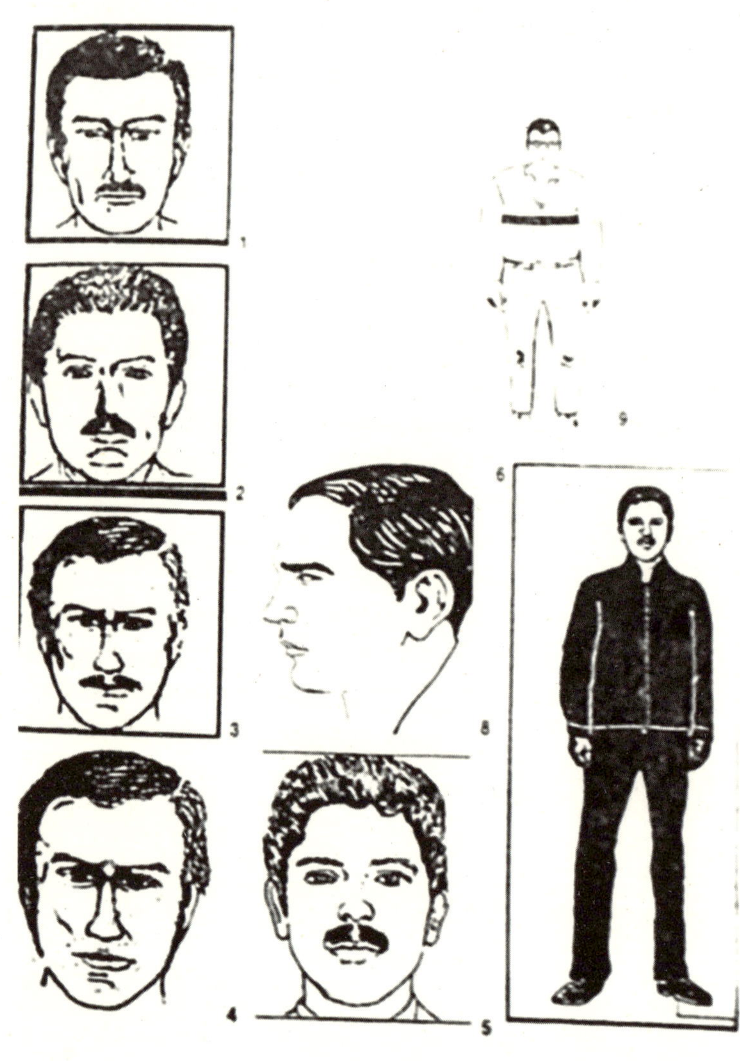

Täterskizzen.

»Ich grüßte ihn, doch er wich mir einfach aus«, sagte Quijada, der sich in der Folge dem Kollegen geradezu anbiederte, um ihn zugänglicher zu machen. Tatsächlich ging die Rechnung auf! Sagredo gestand ihm eines Tages, daß er – gemeinsam mit Topp Collins – gelegentlich nachts auf Raubzug ging.

Quijada trug weiterhin Aussagen, Untersuchungsergebnisse und Beweise zusammen, bis er sicher zu sein glaubte, in den beiden Kollegen tatsächlich die gesuchten Killer ermittelt zu haben. Im März 1982 wurden die beiden Männer festgenommen und vor Gericht gestellt. Quijada brachte man wenig Dank für seine Leistung entgegen. Statt einer Beförderung erhielt er seine Versetzung.

Der Prozeß dauerte etwas mehr als zwei Jahre. Am Ende wurden Sagredo und Topp für schuldig befunden, zehn Morde und drei Vergewaltigungen begangen zu haben. Beide legten außergerichtlich, gerichtlich und auch öffentlich entsprechende Geständnisse ab. Die Folge war, daß sie in erster Instanz zum Tode verurteilt wurden.

Daraufhin behaupteten Sagredo und Topp, unschuldig zu sein und die jeweiligen Geständnisse nur unter Druck abgelegt zu haben. Das Berufungsgericht von Valparaíso und die Dritte Kammer des Obersten Chilenischen Gerichtshofes bestätigten im September 1983 bzw. im Januar 1985 das Urteil nochmals. Auch ein Gnadengesuch der Delinquenten, das an Augusto Pinochet, den Staatspräsidenten gerichtet worden war, wurde abgelehnt. Die »Killer von Viña del Mar« wurden am 29. Januar 1985* standrechtlich erschossen. Es war die letzte offizielle Hinrichtung in Chile. Die beiden Leichname wurden auf dem Friedhof von Playa Ancha bestattet.

---

* In manchen Quellen steht als Hinrichtungsdatum 5. Februar 1985.

Erwähnt werden muß, daß lange Zeit auch noch ein dritter Mann, Luis Gubler Díaz, verdächtigt worden war, an den Verbrechen beteiligt gewesen zu sein. Mangels an Beweisen wurde er wieder freigelassen; er ist im Jahr 2005 verstorben.

Nancy Sagredo, die Schwester von Jorge Sagredo, lebt heute in Villa Alemana, wo sie als Aushilfskraft an einer Schule von Groß-Valparaíso arbeitet. Carmen Pizarro, die Mutter, ist in Cerro Larrain de Valparaíso verstorben. América Casanga, die Witwe von Carlos Topp, lebt noch in Valparaíso von Fürsorgeleistungen. Das gleiche gilt für eine ihrer beiden Töchter, die zum Zeitpunkt der Hinrichtung gerade einmal sechs Jahre alt gewesen ist. An die entsetzliche Mordserie wollen die Hinterbliebenen nicht mehr erinnert werden, erst recht nicht, seit 2013 und 2014 in Chile die Telenovela *Secretos en el jardín (Geheimnisse im Garten)* ausgestrahlt wurde. Sie fußte auf diesem Kriminalfall.

CHILE

DER MÖRDER VON ALTO HOSPICIO

Der Fall Julio Pérez Silva (1998–2001)

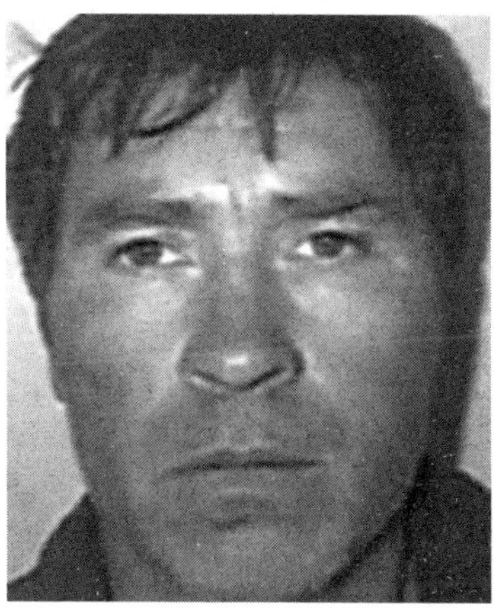

»Ich weiß nicht, warum ich das getan habe.«

Julio Pérez Silva wurde am 15. Juli 1963 in Puchuncavi, in der Region Valparaíso, in Chile geboren. Er wurde wegen 14fachen Mordes, zweier Mordversuche und zahlreicher Vergewaltigungen zu einer zeitlich unbegrenzten lebenslänglichen Haftstrafe verurteilt. Die Verbrechen wurden in Alto Hospicio, in der nördlich gelegenen Region Tarapacá, begangen, die meisten davon in der Stadt Iquique oder in Alto Hospicio selbst.

Die Vorgehensweise des Täters war immer die gleiche: Von Berufs wegen Taxifahrer, bot er jungen Mädchen häufig an, sie gratis zu befördern. Dann fuhr er mit ihnen an abgelegene Orte, vergewaltigte sie und tötete sie mit wuchtigen Schlägen auf den Kopf. Nach der Tat verbarg er die Leichen meist in stillgelegten Bergwerksgruben oder Mülldeponien.

Den Großteil seiner Kindheit hatte Pérez auf den Straßen von Puchuncavi verbracht. Wer ihn damals gekannt hatte, beschrieb ihn als ruhigen, schüchternen und eher in sich gekehrten Jungen. Julio war sieben Jahre alt, als ihn sein Vater mit dem Kopf an die Wand schlug, weil er, ohne um Erlaubnis gefragt zu haben, in sein Zimmer getreten war. Julio war durch die Erschütterung bewußtlos geworden. Gelähmt vor Angst, hatte die Mutter ihm nicht zu Hilfe kommen können.

Elsa Silva litt für gewöhnlich am meisten unter den Wutausbrüchen ihres Mannes, wenn dieser betrunken war. Jedesmal, wenn er durch die Straßen schwankte und die Familie ihn im Vollrausch sah, verbargen sich alle angsterfüllt im Garten oder im Hof, bevor er das Haus betrat. Erst wenn er wie ein Sack auf sein Bett gesunken war und schnarchte, wagten sie sich wieder hervor. Als die Kinder größer geworden waren, liefen sie nicht mehr weg, sondern scharten sich um die Mutter, um diese zu verteidigen. Julio konnte nur wenig tun. Er war das fünfte von sechs Kindern und daher noch zu klein, um sich gegen den betrunkenen Vater zu stellen. Der hieß ebenfalls Julio Pérez und hatte früher in einem Betrieb gearbeitet. Doch aufgrund der häufigen – alkoholbedingten – Abwesenheiten war er 1975 entlassen worden. Er hielt sich als Tagelöhner über Wasser, war aber bald darauf an Krebs gestorben.

Die Mitschüler lachten über Julio, weil er keine Schuluniform trug. Statt der üblichen Schuhe trug er Gummisandalen über seinen Socken. Julio begehrte nicht dagegen auf, sondern senkte lediglich den Kopf. Bis zur

Links: Julio Pérez Silva.
Rechts: Pérez als braver Ehemann. Mit Monica Cisternas hatte er zwei Töchter.

vierten Klasse bereitete ihm der Lernstoff keine Probleme; in den Folgejahren allerdings mußte er immer wieder Klassen wiederholen. Seinen Abschluß der achten Klasse schaffte er erst mit 17 Jahren. In all dieser Zeit war Fußball seine einzige Leidenschaft. Er war sogar Mitglied in einem Verein.

Mit 22 heiratete er Mónica Cisternas, die aus La Calera stammte. Das Paar bekam zwei Töchter, doch die Ehe hatte nicht lange Bestand. Julio ging schon bald eine Beziehung mit Marianela Vergara ein, die selbst bereits zwei Töchter hatte, und lebte mit ihr fünf Jahre lang zusammen. Die beiden lebten in Puchuncavi und es schien, als sei aus Pérez ein anständiger Ehemann geworden.

Mitte der 1990er Jahre ging er nach Iquique, um dort zu arbeiten. Er füllte zunächst Säcke mit Salz ab und fristete damit mehr schlecht als recht sein Leben. Dann lernte er auf einem Fest Nancy Boero kennen, eine Frau, die 14 Jahre älter als er und Mutter von sechs Kindern war. Schon nach zwei Wochen zogen sie zusammen und gingen nach Alto

Taxifahrer ohne Lizenz.

Hospicio. Nancy liebte ihren Partner. Sie verkaufte ein Grundstück, das sie besaß, um ihm ein Auto, einen beigefarbenen Nissan, zu schenken – und das, obwohl er nicht einmal einen Führerschein besaß. Dieses Manko wurde ausgeglichen. Julio gab seinen Job auf und fing an, als Taxifahrer ohne Lizenz zu arbeiten. Etwa um diese Zeit begann die grauenhafte Mordserie.

Am 17. September 1998 begegnete ihm an der Küste von Iquique die 17jährige Graciela Montserrat Saravia. Er bot ihr an, sie gratis zu befördern, *»falls sie ein bißchen zärtlich«* mit ihm wäre. Das Mädchen war einverstanden und die beiden hatten offenbar einvernehmlich Sex miteinander. Doch als sie ihn danach zu bestehlen versuchte, sah er rot. Er erschlug sie und legte sie einfach am Strand ab.

Knapp zwei Monate später war er unterwegs nach Alto Hospicio und traf dabei auf die 13jährige Macarena

Sánchez. Er bot ihr an, sie zur Schule zu fahren, bedrohte sie nach kurzer Fahrt mit dem Messer und vergewaltigte sie. Nachdem er das Mädchen erst gefesselt und dann getötet hatte, warf er es in den etwa 220 Meter tiefen Krater des Pique Huantajaya.

Von Februar 2000 bis August 2001 reihte sich Mord an Mord.* Pérez veränderte häufig seine Frisur, entfernte seinen Bart oder fügte einen künstlichen hinzu. Nicht selten färbte er sich sogar die Haare. Nicht zuletzt deshalb tappte die Polizei lange Zeit im Dunkeln. Erst der gescheiterte Mordversuch an einem Mädchen namens Maritza D. brachte den Durchbruch: Es konnten erstmals Spuren von Sperma gesichert werden. Das Mädchen, das die Attacke wie durch ein Wunder überlebt hatte, erkannte später die Stimme des Mörders wieder. Ein DNA-Abgleich erbrachte den endgültigen Beweis.

Im Oktober 2001 konnte Julio Pérez Silva verhaftet werden. Da die Beweise erdrückend waren, gestand er seine Verbrechen. Er gab an, stets allein gehandelt zu haben, und schützte auch keine Geisteskrankheit vor. Einen Satz aber wiederholte er immer wieder: *»Ich weiß nicht, warum ich das getan habe.«*

Diese Frage beschäftigte auch Anwälte, Richter und Familienangehörige. Was war geschehen, daß aus dem relativ unauffälligen, harmlos erscheinenden jungen Mann mit einem Mal eine Bestie geworden war? Was hatte diese entsetzliche Veränderung hervorgerufen? Eine Antwort hierauf hat man bislang nicht gefunden. Als am 26. Februar 2004 das Urteil gesprochen wurde, erhielt der Mörder eine zeitlich unbegrenzte lebenslängliche Freiheitsstrafe, die er

---

* Zu seinen Opfern gehörten Viviana Garay (16), Katherine Arce (16), Patricia Palma (17), Macarena Montecinos (15), Laura Sola (15), Gisela Melgarejo (36), Angélica Palape (45), Deysi Castro (16), Sara Gómez (18), Ornella Linares (16), Angélica Lay (24) und Ivonne Carrillo (15).

seither verbüßt. Das Urteil, eine Zahlung von jeweils 20 Millionen chilenischen Pesos an die Familien der Opfer zu leisten, dürfte wohl eher symbolischer Natur sein.

Nach seiner Festnahme hatte Julio Pérez' Mutter dem Sohn kaum geschrieben. Elsa Silva ging es sehr schlecht. Zwar wollte sie ihn gelegentlich besuchen, um ihn zu den ungeheuerlichen Vorwürfen zu befragen, doch die Geschwister rieten ihr immer wieder davon ab. Sie wußten, daß ihr Bruder den Haß vieler Menschen auf sich gezogen hatte, und befürchteten irgend jemandes Rache. Aus diesem Grunde hat Julio Pérez seither so gut wie keinen Kontakt zur Außenwelt mehr.

Auch die Gefängnisleitung mochte Ähnliches befürchten, deshalb wurden 16 Wachposten extra abgestellt, um den Häftling zu schützen. Jeweils vier Männer wechseln sich im Vier-Stunden-Takt ab; der Gefangene bekommt das gleiche Essen wie sie selbst.

Pérez befindet sich seit 2011 in einem Flügel des Hochsicherheitstraktes »Colina 1« im vierten Stock des Gefängnisses von Santiago de Chile. Dies bedeutet, daß 14 Zellen neben ihm unbesetzt sind. Weil es ihm nicht erlaubt ist, in den Hof zu gehen, wird ihm gestattet, dort tagsüber allein herumzugehen. Seit einem gescheiterten Selbstmordversuch, den er mit Schnürsenkeln unternommen hat, darf er nur noch Pantoffeln tragen. Zum Schlafen verbringt man den Häftling in einen kleinen Lieferwagen, der im Gefängnishof steht und regelmäßig verschlossen wird. Pérez beschwert sich nicht, er weint nicht und spricht kaum, allenfalls gibt er knappe Antworten. Seiner Stimme ist keinerlei Bewegung anzumerken; wenn er von seinen Verbrechen spricht, wirkt sie teilnahmslos und vollkommen distanziert. Er verlangt nicht nach Vergebung, drückt allerdings auch keinerlei Reue aus.

Nancy Boero will nichts mehr von ihm wissen.

BRASILIEN

PEDRINHO DER TOTSCHLÄGER

Der Fall Pedro Rodrigues Filho (1968–2011)

»Ich tötete zu meinem Vergnügen.«

Pedro Rodrigues Filho wurde 1954 auf einem Bauernhof im brasilianischen Santa Rita de Sapucai, südlich von Minas Gerais, geboren. Häusliche Gewalt dürfte die Ursache für seine Entwicklung zum kaltblütigen Mörder gewesen sein.

Bereits im Alter von 13 Jahren zeigte sich sein wildes, cholerisches Temperament, als er bei einer Rauferei mit einem älteren Cousin versuchte, diesen umzubringen. Der Cousin überlebte wie durch ein Wunder. Ein Jahr später stellte sich dieser zweifelhafte Erfolg ein. Pedros Vater, der in einer

Schule arbeitete, wurde von einem Wachmann verleumdet, Lebensmittel aus der Schule gestohlen zu haben. Daraufhin war er von dem stellvertretenden Bürgermeister Alfena entlassen worden. Diese Schmach konnte Pedro nicht auf sich sitzen lassen und brachte beide Männer kurzerhand um – Alfena, um sich für die ungerechtfertigte Entlassung zu rächen, und den Wachmann, weil er dreist gelogen hatte, obwohl er selbst der Dieb gewesen war.

Der Junge tauchte in die Drogenszene von São Paulo ab, wo er von Diebereien und Überfällen lebte. Gleichzeitig lernte er Maria Aparecida Olympia, die Witwe eines Drogenhändlers, kennen und fing eine Beziehung mit ihr an. Sie, die allseits nur »Botinha«* genannt wurde, holte ihn in ihr Haus.

Im Verlauf der nächsten Wochen und Monate eliminierte er drei weitere Drogenhändler, bevor seine inzwischen von ihm schwangere Geliebte ins Visier der Polizei geriet und bei einer Razzia erschossen wurde. Pedro mußte erneut verschwinden.

Jetzt zog er selbst einen schwunghaften Handel auf. Bei einem Überfall auf eine Hochzeitsgesellschaft töteten er und einige seiner Kumpane, die gehörig Beute machen wollten, insgesamt sieben Personen, 16 wurden schwer verletzt.

Eines Tages erfuhr Pedro, daß sein Vater die eigene Frau – Pedros Mutter – brutal mit 21 Messerstichen ermordet hatte. In grenzenlosem Haß suchte er daher den Vater auf, tötete ihn mit einer Machete und zerstückelte ihn. Dann riß er ihm das Herz aus der Brust, zerbiß es in kleine Stücke und entsorgte es wie Müll. Die schreckliche Tat erregte ungeheures Aufsehen.

---

* Dieses portugiesische Wort bedeutet unter anderem »Stiefelette« und ist hier als Spitzname zu verstehen. Er spielt auf die knöchelhohe Stiefelette und damit auf deren erotische Wirkung an.

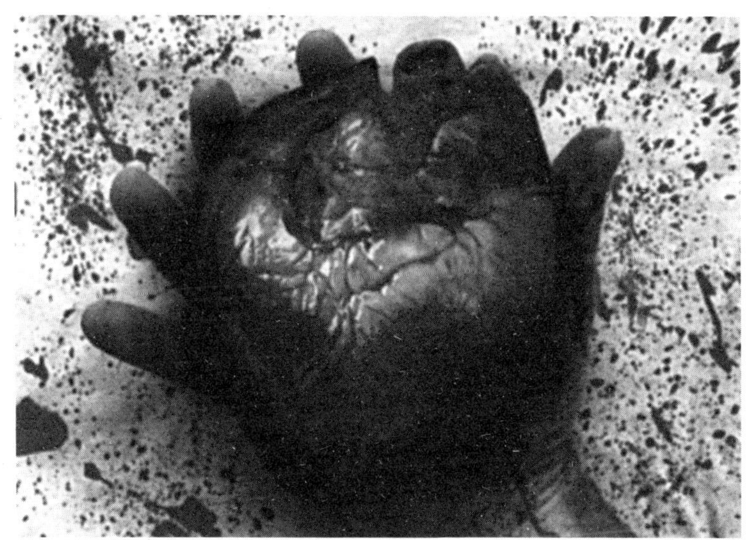

Weil der Vater Pedrinhos Mutter getötet hatte, ermordete ihn der Sohn und riß ihm das Herz aus dem Leib.

Als am 24. Mai 1973 seine Schwester ermordet wurde, rächte er auch diese Tat auf grausame Weise, indem er den Täter enthauptete. Jetzt aber schlug die Polizei zu. Sie konnte Filho stellen und festnehmen; zu diesem Zeitpunkt war er erst 19 Jahre alt. Noch während des Transports zum Gefängnis tötete er einen anderen Mitgefangenen, der vermutlich ein Vergewaltiger gewesen war.

In dem anschließenden Prozeß wurde Pedro Filho symbolisch zu insgesamt 126 Jahren Gefängnis verurteilt. Da das brasilianische Strafrecht jedoch nur noch eine maximale Haft von 30 Jahren vorsieht, war man zum damaligen Zeitpunkt davon ausgegangen, daß er spätestens ab dem Jahr 2003 wieder in die Freiheit entlassen würde. Dazu kam es jedoch nicht, denn eines Tages attackierten ihn fünf Häftlinge. Pedro, der inzwischen eine Art menschliche Kampfmaschine geworden war, brachte drei der Angreifer

Auf dem Polizeirevier.

um und verletzte die anderen beiden schwer. *»Ich habe nur ein paar Bastarde getötet«,* erklärte er nach dem Blutbad kalt. Wegen der zusätzlichen Straftaten im Gefängnis wurde das Strafmaß nun auf *»400 Jahre«* erhöht, was bedeutete, daß er mindestens bis 2017 hinter Gittern hätte sitzen müssen.

Dennoch erreichten die Anwälte sowie Vertreter der Menschenrechte, daß das bereits erwähnte Gesetz zum Höchststrafmaß angewendet werden mußte. Daraufhin wurde »Pedrinho Matador« (»Pedro, der Totschläger«), wie er inzwischen genannt wurde, im April 2007 frühzeitig freigelassen. Und das, obwohl dieser Entscheidung ein Dekret von Staatspräsident Getúlio Vargas aus dem Jahre 1934 gegenüberstand, wonach es möglich gewesen wäre, Psychopathen vom Schlage Filhos auf unbegrenzte Zeit in psychiatrischen Einrichtungen zu behandeln.

Prompt beging er weitere Verbrechen. *»Ich töte zu meinem Vergnügen«,* ließ er sich als Tattoo in die Haut brennen. Am 14. September 2011 konnte der Mörder in Balneario Camboriu endlich wieder festgenommen werden. 71 Morde konnten ihm nachgewiesen werden, von denen mindestens 47 hinter Gittern verübt worden waren – weit mehr als 100 sollen es insgesamt gewesen sein.

Das nachstehende – auszugsweise – Interview, das der Journalist Ricardo Mendonça für die Zeitschrift Época mit ihm geführt hat, gibt ein anschauliches Bild von der Denkweise und dem Charakter des berüchtigtsten Serienmörders Brasiliens.

Ricardo Mendonça (RM): *Wie viele Menschen haben Sie getötet?*

Pedro Filho (PF): *Soweit ich mich erinnere, waren es hier allein zehn. [...] Wenn ich zähle, dann sind 100 zu wenig. Allein in Gefängnissen waren es schon 47.*

RM: *Sie sagen, daß Sie Ihren Vater getötet haben. Hatten Ihre Brüder keinen Mut dazu gehabt?*

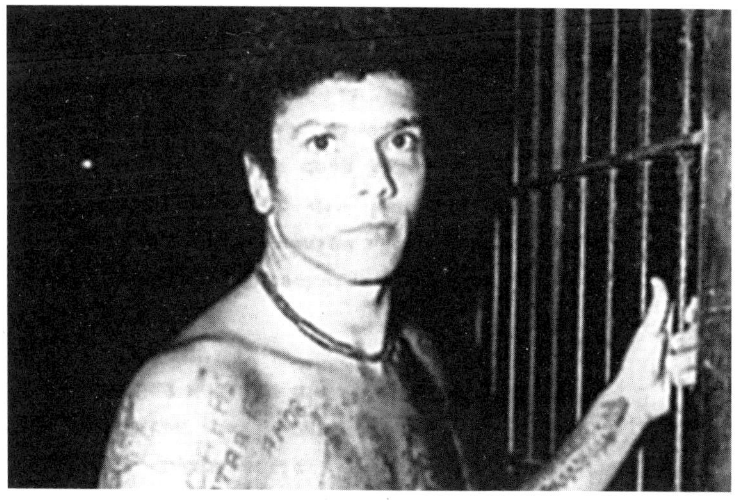

Rodrigues in der Zelle.

PF: *Meine Brüder waren damals noch klein, alle recht gläubig wie meine Mutter. Ich aber habe durchgedreht, als sie ermordet worden ist. Die Kleinen hatten sich nicht aufgeregt, nein.*

RM: *Wie viele Geschwister hatten Sie?*

PF: *Dreizehn, zehn Schwestern und drei Brüder. Eine Schwester ist gestorben, sie wurde von einem Banditen umgebracht. Ich habe den dafür auch erledigt.*

RM: *Werden Sie von Ihren Geschwistern besucht?*

PF: *Ich möchte nicht, daß meine Familie hierher kommt, nein, das möchte ich nicht. Die meisten sind evangelisch, ich will nicht, daß sie kommen. Den letzten Besuch hatte ich vor sieben Jahren, das war noch in Taubaté, im Hochsicherheitsgefängnis. Da kam meine älteste Schwester.*

RM: *Ist es wahr, daß Sie Hosmany Ramos* [einen plastischen Chirurgen, der später ein Bankräuber und Mörder wurde] *umbringen wollten?*

PF: *Ich hatte Streit mit ihm, das war eine besondere Scheiße. Er hatte mir einen vergifteten Kuchen geschickt und ich aß davon. Daraufhin begann ich, aus dem Mund zu bluten. Ich hatte jede Menge Milchpulver und bin nur deshalb nicht gestorben, weil ich schnell genug von dem Zeug geschluckt habe.*

RM: *Haben Sie ihn deshalb umbringen wollen?*

PF: *Nein. Der Grund war ein anderer. Es gab da einen Typen, der fliehen wollte, und Ramos, der davon wußte, verriet ihn. Ich stellte ihn deshalb zur Rede, und da schlug er mir auf den Mund. Wie kam er denn dazu? Das war ja unglaublich! Ich bin ausgerastet und war kurz davor, ihn zu töten. Aber das Personal hat es verhindert.*

RM: *Warum haben Sie übrigens in Taubaté gesagt, daß Sie den Killer vom Nationalpark in São Paulo umbringen wollen?*

PF: *Nun, der Kerl war ja ein Barbar, er hat eine Handvoll kleine, schutzlose Mädchen umgebracht, ich hasse ihn.*

RM: *Haben Sie nach Ihren Morden Reue verspürt?*

PF: *Ich habe nichts bereut, habe nur solche Leute getötet, die nichts getaugt haben. Ich verspüre keine Reue, kein gar nichts. Ich habe einen Grundsatz: Ein Verräter und Schurke muß einfach sterben.*

RM: *Die Menschen draußen haben Angst vor Ihnen.*

PF: *Die wollten ja nie wirklich wissen, warum ich jemanden getötet habe. Schauen Sie, ich habe niemals ein Kind getötet, denn ich liebe Kinder. Wenn man mich mit Kindern besucht, spiele ich mit ihnen zusammen hier in der Zelle, denn die Eltern haben ja nie Zeit, sich um sie zu kümmern.*

RM: *Und was ist mit den Leuten, denen Sie den Hals umgedreht haben?*

PF: *Das passierte oft in der Straßenbahn oder auf dem Markt. Und es war ganz leicht, wissen Sie das?*

RM: *Nein, aber Sie müssen mir das nicht zeigen.*

PF: *Es ist wirklich ganz einfach. Man muß den anderen nur überrumpeln. Wer zu lange wartet, hat bestimmt keinen Erfolg. Ich habe etwa zehn auf diese Weise umgebracht. Da brauchte ich kein Messer, Mann!*

RM: *Haben Sie auch einen Banditen der Rotlichtszene umgebracht?*

PF: *Ja, einem habe ich eins über den Kopf gezogen. Das war ein ganz schmieriger Typ.*

RM: *Was ist eigentlich der Unterschied zwischen einem Gefängnisaufenthalt vor 30 Jahren und einem von heute?*

PF: *Heute ist alles viel fortschrittlicher. Früher ging es strenger zu. Damals war es ein Sklavendasein, man mußte essen, was es gab. Heute ist alles modern. Es gibt eine Schule, einen Computer. Man steht zwar Schlange danach, aber das Angebot ist da. Ich habe einen Malkurs und einen für Design besucht.*

RM: *Stimmt es, daß man das Gefängnis als schlechterer Mensch verläßt, als man hineinkommt?*

PF: *Das Gefängnis hat noch niemanden gebessert, mein Freund. Hier wird jeder böse; man lernt Dinge, die man bisher nicht kannte.*

[...]

RM: *Haben Sie einen Anwalt?*

PF: *Nein, ich will keinen. Weshalb sollte ich jetzt einen Anwalt wollen? Jetzt, da ich schon bald aus dem Gefängnis herauskomme?*

RM: *Und wenn Sie nicht herauskommen?*

PF: *Ich komme sicher heraus. Nach 30 Jahren wieder in die Freiheit, Mann!*

RM: *Wie sieht denn Ihr Alltag hier aus?*

PF: *Nun, da gibt es Regeln. Um 4 Uhr stehe ich auf, treibe etwas Sport bis 6 Uhr, zum Beispiel Seilspringen oder Liegestützen machen, dann gehe ich in den Hof, laufe etwas herum und nehme ein kaltes Bad. Um 8 beginnt die Schule und ich besuche sie bis 13 Uhr. Dann räume ich auf, esse und arbeite bis 16.30 Uhr. Ich kümmere mich um alles. Dann verriegle ich meine Zelle, bringe mein Durcheinander in Ordnung, esse noch was und gehe schlafen.*

RM: *Haben Sie viele Leute hier sterben sehen?*

PF: *Ja, mehr als 200.*

RM: *Gibt es ein ungeschriebenes Gesetz hier im Gefängnis?*

PF: *Ja, nicht petzen! Solche Typen sterben alle. Übrigens auch Vergewaltiger und Schwuchteln. Niemand will seine Zelle mit jemandem teilen, der kein Mensch ist, nicht wahr?*

RM: *Welchen Schulabschluß haben Sie?*

PF: *Ich habe nie studiert. Lesen habe ich in der Zelle gelernt.*

RM: *Waren Sie einmal in einem Einkaufszentrum, in einer U-Bahn oder bei McDonalds?*

PF: *Wovon reden Sie da? Ich kenne nichts davon, nichts. Die U-Bahn habe ich nur vom Fenster des Carandiru-Gefängnisses aus gesehen.*

RM: *Träumen Sie und wenn ja, was?*

PF: *Ich träume von nichts. Ich habe keine Zeit dazu, verstehen Sie? Früher habe ich geträumt, da war ich unruhig. Jetzt bin ich das nicht mehr.*

RM: *Was lesen Sie?*

PF: *Das traurigste Buch, das ich gelesen habe, war »Schwarze Wurzeln«. Es gibt auch Filme hier, wissen Sie. Und eine Sammlung von Büchern von Sidney Sheldon. Zur Zeit lese ich »Gute Aussaat«, ein religiöses Buch.*

RM: *Was werden Sie tun, wenn Sie entlassen werden?*

PF: *Für die Kirche arbeiten und bei der Kinderberatung mitmachen. Ein Priester hat mir das in Aussicht gestellt.*

RM: *Sind Sie für die Todesstrafe?*

PF: *Ich? Nein. Ich bin nicht für die Todesstrafe, nein.*

RM: *Ich danke Ihnen für das Gespräch.*

DIE BESTIE VON MARANHÃO

Der Fall Francisco das Chagas de Brito (1989–2003)

»Etwas hat mich gelenkt, hat mich zu meinen Taten getrieben.«

42 Jungen im Alter von vier bis 15 Jahren soll Francisco das Chagas de Brito, die »Bestie von Maranhão«, zwischen 1989 und 2003 in den brasilianischen Bundesstaaten Pará und Maranhão ermordet haben – ein Mann, der bei seinen Nachbarn als hilfsbereit und freundlich galt. Er hatte oft und bereitwillig mitgeholfen, Kranke in ein Hospital zu schaffen, Medikamente für Bedürftige besorgt oder Bekannte und Nachbarn bei Garten- und Hausarbeiten unterstützt.

Mit diesen schrecklichen 42 Opfern hatte Chagas mehr als dreimal so oft gemordet wie der »Vampir von Niteroi«*. Er hatte es immer auf den gleichen Typ abgesehen: Kinder

* Vgl. »Der Vampir von Niteroi«. Der Fall Marcelo Costa de Andrade (1991), S. 140

aus Elendsvierteln, die sich äußerlich ähnlich waren und – wie er selbst in seiner Kindheit – Süßigkeiten verkaufen mußten. Und er ging immer nach dem gleichen Muster vor: Er lockte die Jungen mit sich in Wälder oder ein dichtes Gebüsch, um entweder nach Obst zu suchen oder aber Vögel zu jagen. Dort erwürgte er sie oder schlug mit scharfkantigen Gegenständen so lange auf sie ein, bis sie tot waren. Danach verstümmelte er sie, schnitt ihnen die Hoden oder den Penis ab; einigen schlug er auch den Kopf ab. In der Kriminalgeschichte Brasiliens wurde der Fall unter »Die kastrierten Jungen von Altamira« bekannt.

Nach der Tat praktizierte er ein höchst seltsames Ritual. In einem kegelförmigen Gebilde aus grünen Blättern fing er das Blut der verstümmelten Opfer auf. Falls es nicht ausreichte, bohrte er Löcher in die Körper der Toten, um den »Notbehälter« noch mehr zu füllen. Dann zeichnete er ein Kreuz auf den Boden, worüber er das Blut des toten Kindes schüttete, wickelte die Leiche in das Hemd des Opfers und warf sie dann ins Wasser. Das konnte ein Fluß, ein See oder auch das Meer sein, je nach Tatort. Nicht selten trennte er den Opfern auch Körperteile wie Ohren, Finger, Hände, Waden oder Brustwarzen ab; restliche Körperteile bedeckte er oft mit Palmblättern. Man vermutete, daß das Chagas gelegentlich Teile seiner Mordopfer verzehrte. In Einzelfällen mißbrauchte er die Jungen auch.

Als Francisco das Chagas im Jahr 2004 wegen des Verdachts der Ermordung des 15jährigen Jonathan Silva Vieira verhaftet wurde, leugnete er zunächst. Doch der Polizei gelang es, ihn dieses Mordes zu überführen, weil er sein Fahrrad am Tatort zurückgelassen hatte. Überdies konnten neben der Hütte, in der er wohnte, die Überreste von zwei Jungenleichen gefunden werden, die er dort vergraben hatte.

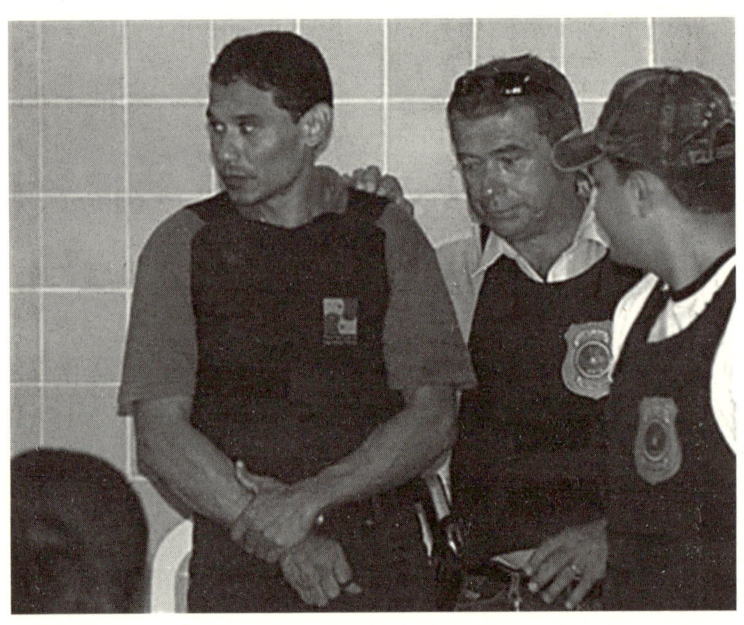

das Chagas wird vor Gericht gestellt.

Das Chagas gab plötzlich alles zu und legte Geständnisse für siebzehn weitere Morde ab, die er alle in Altamira verübt hatte und unter denen auch Daniel Ferreira, der vierjährige Neffe seiner eigenen Frau war. Im Laufe der Zeit behauptete er schließlich, daß es insgesamt 42 Opfer gewesen seien, denn andere Gemeindebezirke wären vor ihm nicht sicher gewesen.

Nachstehend folgt eine Auflistung der Opfer das Chagas', soweit eine Identifizierung möglich war:

Alexandre de Lemos Pereira, Antônio Reis Silva, Bernardo da Silva Modesto, Bernardo Rodrigues Costa, Carlos Wagner dos Santos Sousa, Diego Gomes Araújo, Edivan Pinto Lobato, Eduardo Rocha da Silva, Evanilson Cantanhede Costa, Hermógenes Colares, Ivanildo Póvoas Ferreira, Jailson Alves Viana, Josemar Jesus Batista, Júlio César

Pereira Melo, Laércio Silva Martins, Nerivaldo dos Santos Pereira, Nonato Alves da Silva, Rafael Carvalho Carneiro, Raimundo Luís Sousa Lamb, Raimundo Nonato da Conceição Filho, Ranier Silva Cruz, Welson Frazão Serra, Alexandre dos Santos Gonçalves, Sebastião Ribeiro Borges, Jondelvanes Macedo Escórcio, Emanoel Diego de Jesus Silva, Daniel Ferreira Ribeiro und Jonathan Silva Vieira.

Noch immer rätseln die Fachleute, aus welcher Motivation heraus das Chagas die Morde begangen haben mochte. Die Schriftstellerin Ilana Casoy, deren Fachgebiet die Serienmörder Brasiliens sind, durfte bei der Aufklärung dieses Falles mitwirken. Ihr gegenüber äußerte der Mörder, daß die Ursache für seine Taten vor allem in der Bibel zu finden sei. Konkret bezog er sich auf ein Wort des Propheten Jesai (14:21), wonach es heißt: *»Richtet zu, daß man seine Kinder schlachte um ihrer Väter Missetat willen, daß sie nicht aufkommen noch das Land erben noch den Erdboden voll Städte machen.«**

Obwohl tatsächlich ein religiöser Bezug zu das Chagas' Verbrechen sichtbar ist, vermuten die Fachleute die Wurzeln der verhängnisvollen Entwicklung zum Serienmörder in dessen Kindheit. Francisco das Chagas de Brito ist das jüngste von fünf Kindern einer armen Familie in San Luis. Laut Personalausweis wurde er 1965 geboren, er behauptet jedoch, vier Jahre jünger zu sein. Der Vater hatte die Familie

---

* Im Gesamtzusammenhang lautet dieses Zitat: *Du wirst nicht wie jene begraben werden, denn du hast dein Land verderbt und dein Volk erschlagen; denn man wird des Samens der Boshaften nimmermehr gedenken. Richtet zu, daß man seine Kinder schlachte um ihrer Väter Missetat willen, daß sie nicht aufkommen noch das Land erben noch den Erdboden voll Städte machen. Und ich will über dich kommen, spricht der Herr Zebaoth, und zu Babel ausrotten ihr Gedächtnis, ihre Übriggebliebenen, Kind und Kindeskind, spricht der Herr.*

schon früh verlassen, die Mutter starb, als Francisco vier Jahre alt war. Maria do Carmen Furtado, die Großmutter, hat ihre vier Enkelkinder stets sadistisch und unmenschlich bestraft, indem sie sie auspeitschte. Die Familie hielt sich mit dem Verkauf von Kuchen, Säften und Obst über Wasser. Als Erwachsener arbeitete das Chagas als Bergmann, Klempner und Elektriker. Er lebte im Laufe der Jahre mit insgesamt drei Frauen zusammen; von der letzten hatte er zwei Töchter, die zum Zeitpunkt der Verhaftung (2004) vier und sechs Jahre alt gewesen waren. Die letzte Tätigkeit, die er ausübte, war die eines Fahrradmechanikers.

Welche Faktoren genau als Auslöser seiner Gewalttaten gelten, konnte bislang nicht geklärt werden. Es steht jedoch fest, daß Francisco das Chagas seine unfaßbaren Mordtaten noch keine einzige Sekunde bereut hat. Als er sie vor Gericht schilderte, behauptete er: *»Etwas hat mich gelenkt, hat mich zu meinen Taten getrieben. Es war da eine Stimme in meinem Kopf, die bestimmte, was passieren sollte. Sie müssen verstehen, daß mich etwas dazu mißbrauchte, bestimmte Dinge zu tun. Gute Menschen werden das verstehen.«*

Das Chagas in der Zelle.

Im Jahre 2006 wurde Francisco das Chagas de Brito wegen des Mordes an Jonathan Silva Vieira zu 20 Jahren und acht Monaten Gefängnis verurteilt. Aber auch wegen der anderen Mordfälle mußte er vor Gericht, bislang elfmal. Auf diese Weise erhöhte sich das Strafmaß symbolisch auf 300 Jahre Haft, was in letzter Konsequenz aber maximal 30 Jahre bedeuten kann, denn dies ist in Brasilien die gesetzliche Höchststrafe. Möglicherweise wird das Chagas diese Zeit nicht einmal absitzen müssen, denn die Richter waren bislang aufgrund der Ansichten der Fachgutachter der Meinung, daß der Angeklagte an einer *»erheblichen psychischen Störung«* leide, was bedeutet, daß er zum Tatzeitpunkt womöglich nicht voll zurechnungsfähig gewesen ist. Absichtsvoll hingegen hatte das Chagas im Jahre 2013 in seiner Zelle ein Loch gegraben und zu flüchten versucht. Sein Plan wurde vereitelt.

Es hält sich überdies hartnäckig das Gerücht, daß nicht alle Morde das Chagas allein anzulasten seien, sondern daß es sich bei einigen von ihnen um Ritualmorde der Sekte »LUS« gehandelt haben soll. Begründet wird diese Ansicht damit, daß das Chagas in mehreren Fällen selbst ein höchst merkwürdiges Ritual praktiziert hatte.

DER VERRÜCKTE MIT DEM FAHRRAD

Der Fall Laerte Patrocínio Orpinelli (1990–1999)

»Wie viele es waren? Das weiß ich nicht mehr, bei 100 habe ich aufgehört zu zählen.«

Laerte Patrocínio Orpinelli, der »Maníaco da Bicicleta« (»Der Verrückte mit dem Fahrrad«), wie man ihn genannt hat, war ein brasilianischer Serienmörder, der wegen des Mordes an zehn Kindern zwischen 1990 und 1999 zu 100 Jahren Gefängnis verurteilt worden ist. Die Dunkelziffer der tatsächlich begangenen Morde dürfte allerdings weit höher liegen. Auf intensive Befragung hin hat der Mörder zynisch und stumpfsinnig lächelnd geantwortet:

»Wie viele es waren? Das weiß ich nicht mehr, bei 100 habe ich aufgehört zu zählen.«

Orpinelli wurde 1952* als siebtes von neun Kindern in Araras (São Paulo) geboren. Schon als Kind zeigte er ein äußerst aggressives Verhalten sowohl der Familie als auch den Nachbarn gegenüber. Während der Schulzeit war er ruhig, spielte oft allein und erzielte miserable Leistungen. Nach der dritten Klasse brach er ab. *»Die Schule war langweilig, jeden Tag war es das gleiche«,* sagte er rückblickend.

Der Junge versuchte unentwegt, die Aufmerksamkeit seiner Familie zu gewinnen, meist jedoch ohne Erfolg, weil die Mutter viel zu viel um die Ohren hatte. Die wußte sich des öfteren nicht anders zu helfen, als ihn an einem Tischbein festzubinden, um wenigstens ein bißchen Ruhe vor ihm zu haben.

Im Alter von 14 Jahren lief er erstmals von zu Hause weg; viele weitere Ausreißversuche folgten. Dabei verschwand er mehrtägig, ohne daß die Familie wußte, wo er sich herumtrieb. Weil er auch als Erwachsener längere Zeit verschwunden blieb, konnte er 1993 nicht einmal über die Beerdigung der Mutter, die unverhofft verstorben war, in Kenntnis gesetzt werden.

Als er 16 Jahre alt war, mußte Orpinelli erstmals psychiatrisch behandelt werden, weil er begonnen hatte, unmäßig zu trinken. Bis weit in die 1990er Jahre hinein sollten unzählige weitere Aufenthalte in Kliniken folgen. Drei der vier Brüder waren ebenfalls Alkoholiker. *»Drei Jahre nach dem Verlassen der ersten Klinik fing ich an, Kinder zu töten«,* erinnerte sich der Serienmörder später. *»Kinder töten ist so, wie wenn man Vögel tötet.«*

Einem geregelten Beruf ging er nie nach, statt dessen vagabundierte er durch das Land und ernährte sich von

---

* In manchen Quellen ist als Geburtsjahr das Jahr 1954 angegeben.

spärlichen Almosen. Sein einziger Besitz bestand in einem roten Fahrrad, das ihm auch seinen Beinamen eingebracht hat.

Orpinelli hatte ein überaus ausgeprägtes Verlangen nach Sex. Besonders anziehend konnten ihn seine Mitmenschen jedoch nicht finden, denn er lief nur in zerschlissenen Kleidern herum, hatte ungekämmte Haare, rote Augen und schmutzige Fingernägel, er ging stets unrasiert und wirkte mit seinen etwa 75 Kilo Körpergewicht wie ein ungeschlachter Bär. Deshalb suchte er unter Kindern nach Kontakten. Egal ob Junge oder Mädchen – jünger als zwölf Jahre sollten sie sein. Seine Masche war immer die gleiche: *»Hey, Junge«* oder *»Hey, Kleine, willst du was Süßes?«* fragte er seine auserkorenen Opfer, und in der Regel kam er damit an.

Er nahm sie auf seinem Fahrrad mit, fuhr in den Wald oder an einen abgelegenen Ort und belästigte die Kinder sexuell. Am liebsten war es ihm, wenn sie Oralsex mit ihm hatten. Wenn sie sich weigerten, bedeutete dies ihr Todesurteil. Nachdem er die Kinder vergewaltigt hatte, erschlug oder erdrosselte er sie, verscharrte die Leichen, deckte sie mit Steinen zu oder ließ sie einfach liegen.

Offenbar fand er Gefallen an seinen Taten, denn im Laufe der Zeit legte er sich ein Notizbuch zu, in dem er Ort und Zeit seiner Verbrechen peinlich genau vermerkte. Als man es fand, erleichterte es die polizeilichen Ermittlungen etwas. Vermerkt stand, daß er allein zwischen 1995 und 2000 mindestens 26 Städte »heimgesucht« hatte.

Nachstehend sollen nur einige seiner Opfer erwähnt werden, zumindest soweit sie Gegenstand des Prozesses geworden sind. So wurden beispielsweise Osmarina Pereira Barbosa (10) und ihr Cousin José Fernando de Oliveira (9) am 17. Januar 1990 in Rio Claro, im Viertel Santa Maria, von Orpinelli entführt und auf ein Zuckerrohrfeld gefahren. Dort soll er sie vergewaltigt und brutal erschlagen haben. Die Leichen der beiden Kinder wurden erst im September des gleichen Jahres entdeckt. Bei der Vernehmung erwähnte der Mörder, daß der Junge erheblich länger gebraucht habe zu sterben als das Mädchen.

Die neunjährige Aline Cristina dos Santos Siqueira hatte er am 28. August 1996 auf seinem Fahrrad entführt, wobei er gesehen worden war. Die Leiche dieses Kindes ist nie gefunden worden.

Der elfjährige Edson Silva de Carvalho wurde am 26. Mai 1998 von Orpinelli entführt. Nach seinen Aussagen mißbrauchte er den Jungen, der während der Tat verzweifelt geschrien und getobt haben soll, stieß den Kopf seines Opfers gegen eine Mauer und bewirkte damit dessen sofortigen Tod. Die dreijährige Crislaine Cristina Barbosa dos Santos hatte er am 25. April 1999 aus der Wohnung geholt, nachdem er sich vergewissert hatte, daß die Haustür nur angelehnt und die Mutter für einen Moment weggegangen war. *»Vergewaltigt habe ich sie nicht«*, sagte er vor der Polizei, *»nur auf den Kopf und ins Gesicht geschlagen. Da floß ihr Blut aus der Nase und aus dem Mund.«*

Am 30. November 1997 hatte der Verkäufer Romilto da Silva mit seinem kleinen Sohn für kurze Zeit Halt in einer Kneipe gemacht, um ein Bier zu trinken. Dabei hatte er sich ein wenig mit dem einzigen Gast, einem ungepflegten, fetten und stumpfsinnig aussehenden Mann – Orpinelli – unterhalten und ihm ein Glas spendiert. Sein kleiner sechsjähriger Sohn Anderson hatte die Szene aufmerksam verfolgt. Exakt eine Woche später, am 7. Dezember 1997, als Anderson eben diesen Mann an einer Tankstelle wiedersah, hatte er keinerlei Bedenken, der Einladung des

Fremden nachzugeben. *»Quer uma balinha?« (»Willst du was Süßes?«)* hatte der ihn gefragt, und bereitwillig war der Junge mitgegangen, während der Vater an der Zapfsäule stand. Der Fremde fuhr mit dem Kind auf seinem Fahrrad davon. Anderson wurde nie wieder gesehen.

Sueli Isler, eine Professorin an der Polizeischule von São Paulo, die gleichzeitig Bürgerbeauftragte der Staatspolizei ist, gelang es im Laufe der Zeit, ein Profil von dem unheimlichen Serienmörder zu erstellen: Sie hatte festgestellt, daß es im Raum Rio Claro und dem Großraum São Paulo eine Vielzahl ungelöster Kindermorde gab und deshalb umfangreiche Vergleiche angestellt. Da es inzwischen zahlreiche Aussagen, Beschreibungen und Zeugenbeobachtungen gab, wußte man inzwischen, nach wem man suchte: einem älteren, ungepflegten Mann, offenbar ständig mit einem roten Fahrrad unterwegs, mit einer Vorliebe für Felder und Wälder.

Und so gingen am 13. Januar 2000 bei der Militärpolizei entsprechende Hinweise ein, daß *»Der Verrückte mit dem Fahrrad«* in einer Pension aufgetaucht sei, um nach einem billigen Schlafplatz zu fragen. Der Verbrecher konnte endlich festgenommen werden.*

Die medizinischen Fachgutachter stuften den Serienmörder als *»psychopathisch«, »sadistisch und pervers«,* aber keinesfalls als verrückt ein, wie viele dachten. Ihrer Ansicht nach war sich Orpinelli seiner Verbrechen voll bewußt; Gefühle wie Mitleid oder Reue waren ihm fremd. Sowohl im Jahre 2001 als auch 2008 wurden mehrere Haftstrafen über Orpinelli verhängt. Insgesamt hätte das Strafmaß auf

* Wie sich später herausstellte, hatte Orpinelli, der schlecht lesen und schreiben konnte, die Arbeit der Polizei intensiv über die Nachrichten verfolgt.

Links: Orpinelli bei einem Lokaltermin.
Rechts: Orpinelli im Gefängnis.

100 Jahre* gelautet. Doch das Schicksal meinte es gnädig mit dem Serienmörder. Am 31. Dezember 2012 verstarb er im Gefängnis von Iaras. Laut ärztlichem Bulletin soll er Diabetiker gewesen sein und an Bluthochdruck gelitten haben. Der vielfache Kindesmörder wurde am 3. Januar 2013 beerdigt. Seinen Tod bestätigte die Strafanstalt allerdings erst am 16. Januar 2013 offiziell.

* Mancherorts heißt es, daß das Strafmaß »92 Jahre« betragen haben soll. In jedem Fall ist die Angabe ohne Bedeutung, weil die Höchststrafe in Brasilien ja »nur« 30 Jahre beträgt.

BRASILIEN

DER VAMPIR VON NITEROI

Der Fall Marcelo Costa de Andrade (1991)

»Ich habe Ivan in den Himmel geschickt.«

Marcelo Costa de Andrade zählt zu den gefürchtetsten Serienmördern Brasiliens. Auf sein Konto gehen vierzehn Morde an Jungen im Alter von sechs bis 13 Jahren, die er alle innerhalb von neun Monaten im Jahre 1991 sexuell mißbraucht und umgebracht hat.

De Andrade wurde am 2. Januar 1967 in Rio de Janeiro geboren und war der Sohn einer armen Familie, die aus dem Nordosten des Landes nach Rio gezogen war und in der Favela Rocinha* eine Bleibe gefunden hatte. Marcelo

* Mehr als eine Million Menschen in Rio de Janeiro leben in Elendsvierteln, sogenannten »Favelas«. Rocinha, an einem Hang gelegen, eröffnet wie zum Hohn den Blick auf einige der schönsten Strände der Stadt. Vielleicht ist die Kluft zwischen den Besitzenden und Mittellosen nirgendwo

de Andrade, der »Vampir von Niteroi«.

verbrachte keine angenehme Kindheit. Großvater, Stiefvater und Stiefmutter verprügelten ihn häufig; mit etwa zehn Jahren wurde er sexuell mißbraucht. Als er 14 Jahre alt war, hatte er erkannt, daß er Geld verdienen konnte, wenn er sich mit homosexuellen Männern einließ. Er ging eine Beziehung zu einem älteren Mann ein, mit dem er sogar zusammenzog. Das hinderte ihn aber nicht daran, seine Liebesdienste fortan regelmäßig zu verkaufen oder aber andere Kontakte zu suchen.

In einem Zeitschrifteninterview im Jahre 2003 erzählte er beispielsweise, daß er eines Tages einen 14jährigen Transvestiten kennengelernt und mit ihm eine Absteige aufgesucht habe. Sie hätten Sex miteinander gehabt und der

---

auf der Welt auffälliger als hier. Ganze Armeen von Kindern treiben sich in den Straßen herum; sie leben vom Betteln, Stehlen und als Drogenkuriere oder »Kindersoldaten«.

Junge habe ihn dabei auf den Mund geküßt, was Marcelo sehr gefallen habe. Dieses Abenteuer habe ihm 50 Reais (etwa 12 Euro) eingebracht. Weil er ihn nie wieder gesehen, aber große Sehnsucht nach ihm verspürt habe, sei er auf die Idee gekommen, auf der Straße nach geeigneten »Partnern« zu suchen.

Inzwischen hatten sich Marcelos Eltern getrennt und die Mutter war mit seinen jüngeren Geschwistern in ein anderes Elendsviertel in Itaboraí gezogen. Mit 23 Jahren verließ Marcelo seinen Partner und kehrte zur Familie zurück. In Itaboraí bekam er einen Job als Flugblattverteiler und begann, sich intensiv mit der Religion zu beschäftigen. Er trat der »Weltkirche vom Reich Gottes«* bei und ging nahezu täglich in die Kirche.

Doch dann begann de Andrade im April 1991 unvermittelt zu morden. Seine Opfer waren ausnahmslos arme Straßenkinder, die er mit Geld oder Süßigkeiten an entlegene Orte lockte, wo er sie mißbrauchte und dann erwürgte. In einigen Fällen verging er sich auch an den Leichen, zerquetschte ihnen den Schädel oder köpfte sie; zweimal trank er das Blut der Toten, weshalb man ihn als »Vampir von Niteroi« bezeichnete.

---

* In Brasilien sind viele Gläubige stolz, einer Kirche anzugehören, die von Gott sichtlich auserwählt ist, erfolgreich zu sein. Deshalb entstehen im Lande immer mehr sogenannte »Pfingstkirchen«, deren Vertreter es dank des Zehnten und der Opfer der Gläubigen zu beachtlichem Reichtum bringen, auch wenn das einzelne Gemeindemitglied arm ist. So entstanden in der letzten Zeit etwa die »Assembléia de Deus« (»Gottes Versammlung«), »Congregação Cristã do Brasil para Cristo« (»Christliche Kongregation Brasiliens«), »O Brasil para Cristo« (»Brasilien für Christus«), »Igreja do Evangelho Quadrangular« (»Kirche des viereckigen Evangeliums«), »Igreja Deus é Amor« (»Kirche Gott ist Liebe«), »Igreja Nova Vida« (»Kirche für Neues Leben«), »Igreja Apostólica Renascer em Cristo« (»Apostolische Kirche der Wiedergeburt in Christus«) und die erwähnte »Igreja Universal do Reino de Deus« (»Weltkirche vom Reich Gottes«).

Es fiel zunächst gar nicht auf, daß sich die Morde häuften, denn die Zahl der Kapitalverbrechen ist in den Elendsvierteln der großen Städte ohnehin sehr hoch. Im Dezember 1991 lernte de Andrade am Busbahnhof von Niteroi den zehnjährigen Altair de Abreu kennen und verliebte sich spontan in ihn. Altair und sein sechsjähriger Bruder Ivan lebten vom Betteln und waren daher sofort bereit, mit ihm zu gehen, als er ihnen Geld als Gegenleistung für ihre Hilfe anbot, Kerzen in einer Kirche anzuzünden. Auf dem Weg zur Kirche mußten die drei ein unbebautes Grundstück überqueren. Da packte de Andrade den kleinen Ivan und erwürge ihn vor den Augen seines älteren Bruders; anschließend mißbrauchte er ihn. Der entsetzte Altair war nicht in der Lage wegzulaufen, sondern flehte um sein Leben. Doch Marcelo tat ihm nichts, statt dessen umarmte er den verängstigten Jungen und versicherte ihm, daß er ihn liebe. *»Ich habe Ivan in den Himmel geschickt, du brauchst keine Angst zu haben«,* flüsterte er. Die beiden verbrachten die Nacht zusammen. Als der Mörder am nächsten Morgen seinen kleinen Freund anleiten wollte, ihm bei seiner Arbeit zu helfen, gelang Altair die Flucht.

Zu Hause behauptete der tapfere Junge zunächst, den jüngeren Bruder unterwegs »verloren« zu haben, rückte dann aber mit der furchtbaren Wahrheit heraus. Ivans Mutter ging sofort zur Polizei, um das Verbrechen zu melden. De Andrade ließ sich widerstandslos festnehmen. Er gestand die Morde relativ schnell und erklärte, daß er junge Kinder bevorzugt habe, weil diese hübscher gewesen seien und eine weichere Haut als ältere gehabt hätten. Auch sei er davon überzeugt gewesen, daß Kinder, die den Tod vor ihrem 13. Geburtstag fänden, automatisch in den Himmel kämen, weshalb er ihnen also nur einen großen Gefallen getan habe.

De Andrade bei einem Lokaltermin.

Weil es in Brasilien keine Todesstrafe gibt, wurde de Andrade zu einer lebenslänglichen Haftstrafe verurteilt. Im Januar 1997 gelang es ihm jedoch, aus dem Gefängnis zu entkommen, weil eine Tür versehentlich nicht verschlossen worden war. Marcelo war volle 12 Tage unterwegs, um seinen Vater aufzusuchen, der 3.000 Kilometer entfernt lebte. Er hätte es beinahe geschafft. Nachdem er schon über 2.500 km zwischen sich und die Polizei gebrachte hatte, wurde er am 5. Februar 1997 in Guaraciaba do Norte wieder festgenommen und zurück nach Rio überführt. Seine entsetzlichen Taten hat er bis heute nicht bereut.

BRASILIEN

MORD IM PARK

Der Fall Francisco de Assis Pereira (1997–1998)

»Es ist etwas Häßliches, Perverses in mir, etwas, das ich nicht kontrollieren kann.«

Die Millionenstadt São Paulo wurde in den späten 90er Jahren von einem offenbar geisteskranken Mörder terrorisiert, der mindestens sechs, möglicherweise sogar neun bis elf junge Frauen in dem 550 Hektar großen, am südöstlichen Stadtrand gelegenen Nationalpark grausam ermordete. Viele Eltern verboten ihren Töchtern daraufhin, abends auszugehen, und selbst Kindern erlaubte man tagsüber nicht mehr, dort zu spielen.

Der Täter hatte die Leichen in seinem Blutrausch grausam zugerichtet, sich oft auch noch vaginal, anal und oral an ihnen vergangen. Am 5. Juli 1998 waren die nackten Körper von vier Frauen mit gespreizten Beinen und geschändet aufgefunden worden. Knapp zwei Wochen später wurden noch einmal zwei Leichen entdeckt.

Drei Vergewaltigungsversuche zwischen Mai 1996 und Dezember 1997 waren der Mordserie vorausgegangen. Diese drei Frauen, denen es gelungen war, den Attacken zu entkommen, waren der Polizei behilflich, eine Phantomzeichnung des Täters anzufertigen, nach dem fortan gefahndet wurde. Unter den Zeuginnen war die 19jährige Sandra Aparecida de Oliveira, die versicherte, daß Pereira ihr gesagt habe, daß er schon viele Frauen dort erledigt habe. Sara Adriana Ferreira Queiroz, die Schwester eines Mordopfers, identifizierte später die Stimme des Täters als diejenige, welche sie am 4. Juli 1998 am Telefon zur Zahlung von 1.000 Reais für die Freilassung der angeblich Entführten aufgefordert hatte. Dazu kam noch ein direkter anonymer Hinweis auf den Gesuchten: Es solle sich um einen gewissen Francisco de Assis Pereira, einen 31jährigen Motorradkurier, handeln, der in Santo André wohne. Dieser Mann war bislang zweimal in Erscheinung getreten.

Francisco de Assis Pereira war am 29. November 1967 in São Paulo als Sohn der Maria Helena und des Nelson Pereira geboren worden und in einer sehr religiösen Familie aufgewachsen. Seinen Namen hatte man ihm in Anlehnung an den berühmten italienischen Heiligen Franz von Assisi gegeben. Im Alter von sieben Jahren soll ihn eine Tante mütterlicherseits namens Diva verführt haben, weshalb er schon früh *»auf besonders entwickelte Brüste gestanden«* habe. Mit acht Jahren tötete er einmal eine Taube mit einer Steinschleuder, brachte sie nach Hause und wollte sie in einer Pfanne braten. Der Großvater regte sich fürchterlich auf und rief ein ums andere Mal: *»Du bist ein Mörder, du bist ein Monster!«* und ließ das nicht zu. Ganz anderer

Meinung war Franciscos Mutter. Sie sagte oft und gerne: *»Er war immer ein braves Kind.«*

Als Erwachsener soll ihn ein homosexueller Arbeitgeber mißbraucht haben. Einmal sei er in den Penis gebissen worden, was bei ihm zu einer panischen Angst vor dem eventuellen Verlust seiner Männlichkeit geführt habe. Zuletzt hatte Pereira ein gutes Jahr lang mit einem Transvestiten zusammengelebt, der sich »Thayná« genannt hatte. Thayná berichtete später, von Pereira in unschöner Regelmäßigkeit in den Magen oder ins Gesicht geschlagen worden zu sein.

Bereits 1995 hatte man ihn wegen einer versuchten Vergewaltigung in São José do Rio Preto verhaftet, er war jedoch gegen Kaution wieder freigelassen worden. Im Februar 1998 hatte man ihn im Zusammenhang mit dem Verschwinden der 18jährigen Studentin Isadora Fraenkel einvernommen. Am 10. Februar waren zwei Schecks des Mädchens, einer über 200 Reais und einer über 50 Reais, einer Bank von Itaú vorgelegt worden. Der Physiker Claudio Fraenkel, Isadoras Vater, informierte die Polizei darüber, denn der Scheck über 50 Reais war eindeutig gefälscht. Die Polizei glaubte, daß ein Freund Isadoras hinter diesem Betrugsversuch stecken könnte, der Vater des Mädchens hingegen erklärte, daß seine Tochter keinen Freund habe. Er äußerte den Verdacht, daß ein gewisser Francisco de Assis Pereira mit ihrem Verschwinden etwas zu tun haben müsse. Beweisen konnte er das freilich nicht, doch es sollte sich herausstellen, daß er recht behielt: Pereira hatte Isadora ermordet.

Die Ermittlungen kamen nicht entscheidend voran, da griff wieder einmal »Kommissar Zufall« ein. Pereira hatte sich mit einem Zettel formal *»wegen einer plötzlich erforderlich gewordenen Reise«* entschuldigt, um sich allen

Nachstellungen entziehen zu können. Zur gleichen Zeit entstand an seiner Arbeitsstelle jedoch ein Rohrbruch in der Toilette, bei dessen Instandsetzung man ein Bündel verbrannter Papiere, Überreste eines Grills und Teile eines Personalausweises fand, der auf eine gewisse Selma Ferreira Queiroz ausgestellt war. Dies war der Name einer der vier Frauen, die im Ipiranga-Park ermordet worden waren.

Pereiras Chef informierte unverzüglich die Polizei, welche den Gesuchten nach 23 Tagen *»irgendwo an der Grenze nach Argentinien«* vermutet hatte. Pereira konnte in der Tat am 4. August 1998 in Itaqui, in der Gemeinde Rio Grande do Sul, verhaftet werden. Er war im Hause des Fischers João Carlos Dornelles Villaverde abgestiegen und wollte gerade ein Bad nehmen. Joãos Frau hatte zufällig anhand eines Fahndungsbildes, das kurz vorher im Fernsehen ausgestrahlt worden war, in dem Gast den gesuchten Verbrecher erkannt und sofort auf dem Revier angerufen.

In den ersten Tagen, die er in Untersuchungshaft verbringen mußte, leugnete er alle Verbrechen und schleuderte den Ermittlern immer wieder entgegen: *»Das müssen Sie mir erst beweisen können!«* Pereiras Verteidigerin, die Anwältin Maria Elisa Munhol, meinte zum Auftakt des Prozesses: *»Mein Mandant ist schuldig. Aber mein Mandant ist krank.«* Mit dieser Strategie erlitt sie jedoch schon bald Schiffbruch, da die Fachärzte Pereira für »voll zurechnungsfähig« erklärten, obwohl die Anwältin immer wieder die hochgradige »Persönlichkeitsstörung« geltend machte.

Nach eingehenden Verhören gestand der Angeklagte schließlich die Ermordung von sechs Frauen, *»es konnten aber auch neun oder gar elf gewesen sein«*, er habe den Überblick verloren.

Unter den sechs Opfern waren auch Elisângela Francisco da Silva (21), Raquel Rodrigues Mota (23), Selma Ferreira

Links: Francisco de Assis Pereira.
Rechts: Francisco de Assis Pereira im Interview mit der Zeitschrift *Veja* (8.12.1998).

Queiroz (18) und Patrícia Gonçalves Marinho (24). Sie hatten nur deshalb identifiziert werden können, weil man neben ihren Leichen auch deren Kleidung und Schmuck gefunden hatte.

Die Vorgehensweise war immer die gleiche gewesen. Pereira hatte seine Opfer in Supermärkten oder an Bushaltestellen angesprochen und sich als Vertreter einer Modellagentur, manchmal auch als Modefotograf, vorgestellt. Unter dem Vorwand, ein kurzes *»Fotoshooting«* machen zu wollen, lockte er die Frauen in den malerischen, reizvollen Park, wo er sie zunächst mißbrauchte und dann erwürgte, häufig mit Schnürsenkeln. Wie er es dabei geschafft hatte, die Frauen dazu zu bringen, ihn – einen wildfremden Mann, den sie eben erst kennengelernt hatten – in einen Wald- und Wasserpark zu begleiten, blieb vielen Polizisten ein Rätsel. Er mußte den Frauen wohl wegen ihres guten Aussehens geschmeichelt und vorgemacht haben, auf der Suche nach neuen Talenten zu sein. Und wenn diese netten Worte nichts halfen, so waren stattliche Gagen ein garantiertes Lockmittel.

Kurz nach der Festnahme hatte Franciscos Mutter ihn in der Untersuchungshaft besucht. *»Mein Sohn«,* hatte sie ihn gefragt, *»alle diese schrecklichen Dinge sind doch nicht wahr, oder?«* Da hatte Francisco seinen Kopf auf ihre Schulter gelegt und geweint.

Dem renommierten Journalisten Marcelo Rezende gelang es am 8.12.1998, mit dem Mörder ein Interview für die Zeitschrift *Veja* zu machen. Nachstehend folgt eine auszugsweise Zusammenfassung:

Veja (V): *Francisco, kennen Sie Thayná?*
Pereira (P): *Thayná? Thayná ... Nein, kenne ich nicht.*
V: *Und Elisângela, kennen Sie die?*
P: *Nein.*
V: *Selma?*
P: *Nein, auch nicht.*
V: *Hatten Sie Analsex mit einem Ihrer Opfer?*
P: *Ja, mit einigen.*
[Pause. Überraschung: Der Dialog wird fortgesetzt, aber nicht mehr so hektisch.]
V: *Haben Sie einige der Frauen umgebracht, Francisco?*
P: *Ja.*
V: *Wie viele?*
P: *Alle.*
V: *Wie viele Frauen haben Sie getötet?*
P: *Neun.*
V: *Haben Sie auch Isadora ermordet?*
P: *Ja, das war ich.*
[Pereira hatte nur Bruchteile von Sekunden gebraucht, um zu erkennen, daß er Isadora Fraenkel (19), ein hübsches Mädchen der Mittelklasse von São Paulo, ermordet hatte. Sie war am 10. Februar von zu Hause weggegangen, um Englischunterricht zu nehmen, und dann verschwunden. Das Schweigen, das dem Geständnis folgte, dauerte wenigstens eine Minute lang.]

V: *Wie haben Sie die Mädchen getötet?*

P: *Meistens mit Schnürsenkeln der Schuhe, die ich in der Tasche hatte. Ich fand immer einen Weg.*
[Wieder eine Pause, dann Räuspern. Dann fängt Francisco de Assis Pereira an zu reden. Die Stimme ist ruhig, der Ton sachlich.]

P: *Was ich jetzt sage, habe ich noch niemandem gesagt, nicht einmal meiner Mutter. Ich habe auch eine schlechte Seite. Es ist etwas Häßliches, Perverses in mir, etwas, das ich nicht kontrollieren kann. Ich habe Alpträume, träume von schrecklichen Dingen. Dann wache ich schweißüberströmt auf. Es gab Nächte, da verließ ich das Haus nicht, weil ich wußte, daß ich es wieder tun würde. Ich blieb deshalb liegen, betete und versuchte, mich zu beherrschen. Oft wünschte ich, die Frauen wären nicht mit mir in den Park gegangen, sondern einfach weggelaufen.«*

Das Gericht unter Vorsitz von Richter José Rui Borges verurteilte ihn am Ende des Prozesses »symbolisch« zu 121 Jahren* Haft und ließ ihn in den Hochsicherheitstrakt von Taubaté einliefern. Dies ist das Gefängnis, in dem die gefährlichsten Verbrecher des Bundesstaates São Paulo ihre Strafe absitzen müssen. Dort kam es im Jahr 2000 zu einem Aufstand der Häftlinge, in dessen Verlauf Pereira umgebracht werden sollte. Die Revolte wurde niedergeschlagen, vier Häftlinge kamen dabei um; Pereira blieb unverletzt, wurde aber in eine psychiatrische Einrichtung verlegt, *»um*

* In manchen Quellen heißt es, er sei zu 130, 143 bzw. 147 Jahren Gefängnis verurteilt worden. Laut murderpedia.org sollen es sogar 268 Jahre gewesen sein. In jedem Fall ist das Strafmaß bedeutungslos, weil das maximale Strafmaß – seit die Todesstrafe in Brasilien abgeschafft worden ist – laut Gesetz auf 30 Jahre begrenzt ist.

sein Leben nicht zu gefährden«. Seit seiner Verhaftung hat er mehr als tausend Briefe von Verehrerinnen bekommen, die sich ein Treffen mit ihm erhofften, von einer gemeinsamen Zukunft träumten oder dem »Maníaco do Parque« (der »Park-Bestie«) gar Heiratsanträge machten.*

Derzeit verbüßt er seine Haft in Itaí, etwa 300 Kilometer von São Paulo entfernt.

* Der Journalist und Drehbuchautor Gilmar Rodrigues veröffentlichte 2009 das Buch »Crazy Love – Frauen, die Serienmörder und Sexualstraftäter lieben«, worin er der Frage nachgeht, wie es zu erklären ist, daß so viele Frauen ein geradezu leidenschaftliches Interesse an Pereira finden.

MORD AUS SPASS

Der Fall Sailson José das Graças (2005 2014)

»Manchmal dachte ich, daß ich verrückt sei.«

Am 10. Dezember 2014 konnte die Mordkommission von Rio de Janeiro einen 26jährigen Mann namens Sailson José das Graças festnehmen, der schon in den ersten Verhören gestand, in knapp neun Jahren insgesamt 42 Menschen *»aus Spaß«* getötet zu haben: 38 Frauen, drei Männer und ein zweijähriges Mädchen. Das Kind habe er getötet, weil er fürchtete, daß dessen Geschrei die Nachbarn auf ihn aufmerksam machen könne.

Erste Anzeichen seiner Neigung zu Gewalt zeigten sich bei ihm schon im Alter von elf Jahren, nur kurze Zeit nach dem Tod seines Vaters, der durch einen Arbeitsun-

Bei der Festnahme.

fall umgekommen war. Seine kriminelle Laufbahn habe das Graças als Handtaschendieb begonnen. Im Alter von 17 Jahren habe er erstmals eine Frau ermordet. *»Vorher hatte ich immer nur Katzen und Hühner abgestochen«*, sagte der Häftling zynisch. *»Dieser Mord aber löste in mir seltsame Gefühle aus. Ich machte damit weiter und es gefiel mir.«*

Er wurde verhaftet, nachdem er die 62jährige Fatima Miranda in deren Wohnung an der Rua Eduardo Pacheco überfallen und stranguliert hatte. Der schwarzhäutige Brasilianer gab an, daß er davon besessen gewesen sei, weiße Frauen zu erwürgen; er sei geradezu mordsüchtig geworden, habe jedesmal *»einen Adrenalinkick«* gespürt. Seine Taten bereue er nicht.

Das Graças beobachtete seine Opfer teilweise wochenlang. In einem Fernsehinterview erinnerte er eine Szenerie: *»Ich* *war in einer Bäckerei oder auf einem Platz, las eine Zeitung und sah eine Frau. ›Das ist sie!‹ dachte ich mir.«* Er habe nie eine der Frauen vergewaltigt, sondern lediglich – über den Frauenleichen stehend – masturbiert. *»Ich habe die Gewohnheiten der Frauen studiert, bis ich das Gefühl hatte, sie ganz genau zu kennen«,* sagte das Graças. *»Da wußte ich dann, wo und wie sie lebten und ich kannte auch ihre Familien. Wenn sich eine günstige Gelegenheit für mich ergab, sprach ich sie einfach an; meist habe ich mich als Mitarbeiter des Fernsehnachrichtenportals Globo vorgestellt.«* Im Laufe der Zeit stellte sich allerdings heraus, daß das Graças ein paarmal auch des Geldes wegen getötet hatte. Bei den drei männlichen Opfern handelte es sich um Auftragsmorde.

Das Graças war ein sadistischer Mörder. Nach eigenem Bekenntnis genoß er es, wenn sich die Frauen wehrten, wenn sie schrien, ihn kratzten oder um ihr Leben flehten. *»Manchmal dachte ich, daß ich verrückt sei«,* gab er zu Protokoll. *»Wenn sie tot waren, habe ich mich selbst befriedigt«,* gestand er Pedro Henrique Medina gegenüber, dem Leiter der Mordkommission von Nova Iguaçu, einem Vorort von Rio de Janeiro. *»Immer dann, wenn mehr als zwei Monate nach einem Mord vergangen waren, wurde ich unruhig und nervös«,* erklärte der Häftling in einem Verhör. *»Ich spürte, daß ich es wieder tun mußte, es war wie ein Zwang.«*

Nachbarn hatten sich oft gewundert, wenn sie den jungen Mann ganz in sich gekehrt an einer Bar sitzen gesehen hatten. *»Er war nicht mit seinem Getränk beschäftigt, nein, er saß dort, um eine mögliche Beute auszumachen und zu beobachten«,* erzählte Elena, die beste Freundin der zuletzt ermordeten Fatima Miranda.

Der 10. Dezember 2014 war ein heißer Tag gewesen. 37 Grad herrschten auf der Straße und Fatimas Bekannte in

Auf dem Polizeirevier.

der Nachbarschaft unterhielten sich angeregt bei einem kalten Bier. Da Fatima an diesem Morgen nicht zur gewohnten Stunde bei ihren Freundinnen erschienen war, wurde Elena unruhig. Sie lief die 50 Meter zu Fatima, wobei ihr der in der Nachbarschaft wohnende das Graças und einer von dessen Freunden begegneten – das Graças' Hände waren blutbefleckt. Fatimas Wohnungstür stand einen Spalt offen; eine Katze miaute kläglich. Weil Elena ein beklemmendes Gefühl verspürte, holte sie den Ehemann einer Nachbarin, um mit ihm gemeinsam die Wohnung zu betreten. Dort entdeckten sie die erwürgte Fatima Miranda.

»Das muß Sailson gewesen sein!« war Elenas erster Gedanke. Unverzüglich verständigte sie die Polizei. Sailson das Graças lebte mit zwei anderen Männern in einem verfallen Haus ganz in der Nähe, das umstellt und dann sorgfältig durchsucht wurde. Die Polizisten entdeckten geringe Mengen an Drogen, alle möglichen Waffen, darunter diverse Messer – sogar die Mordwaffe, mit der das Graças einem seiner männlichen Opfer den Kopf abgeschlagen hatte –, und Diebesgut. Sailson das Graças ließ sich widerstandslos

festnehmen. Gleich nach den ersten Verhören gestand er den Mord an Fatima Miranda.

Den Nachbarn waren die drei Männer nie recht geheuer gewesen. *»Da passierten seltsame Dinge«,* hieß es hinter vorgehaltenen Händen. *»Die lebten von Drogen und Diebstählen. Außerdem war dieser Sailson das Graças ein seltsamer Vogel. Der konnte einem nie direkt in die Augen schauen.«* Auch die Mutter des Mörders lebte in diesem Viertel. Sie galt als gläubiges Mitglied einer Religionsgemeinde und litt sehr unter den wiederholten Diebstählen des Sohnes sowie den Ermittlungen der Polizei.

Derzeit sitzt Sailson das Graças in Untersuchungshaft. Die Polizei ist intensiv damit beschäftigt, seine Aussagen zu überprüfen. Bisher konnten ihm vier Morde tatsächlich nachgewiesen werden. Polizeichef Marcelo Machado glaubt, daß das Graças' Geständnis in vollem Umfang der Wahrheit entspricht. Er ist der Meinung, daß nur der Täter selbst die 42 Morde derart schildern könne. Experten sind dagegen eher kritisch. Sie vermuten, daß das Graças als offenkundiger Psychopath nur die Aufmerksamkeit der Medien auf sich lenken wolle. Seine Aussagen seien deshalb mit großer Vorsicht zu genießen. Inzwischen kursieren Behauptungen, der Verbrecher könnte eventuell als unzurechnungsfähig erklärt werden. *»Sailson ist nicht verrückt«,* sagen jedoch seine Bekannten und Nachbarn. *»Er ist einfach nur ein böser Mensch. Wir alle hier sind entsetzt.«*

Das Entsetzen ist gerechtfertigt. Denn eines hat das Graças bei den Verhören schon klar zum Ausdruck gebracht: Sollte er im Gefängnis landen, würde er nach seiner Strafe ganz gewiß erneut töten.

BRASILIEN

DER MÖRDER MIT DEM SANFTEN BLICK

Der Fall Tiago Henrique Gomes da Rocha
(2011–2014)

»Ich hatte alle Wut der Erde in mir.«

Der Wachmann Tiago Henrique Gomes da Rocha war in der Kirchengemeinde von Goiânia ein angesehener, beliebter Mann, der gern die Kirche besuchte und sich für die »Assembléia de Deus« (»Versammlung Gottes«) engagierte. Als der 26jährige verhaftet wurde, warf man ihm vor, insgesamt 39 Menschen ermordet zu haben. Niemand vermochte das zu glauben.

Die ungeheure Mordserie hatte in den Jahren zwischen 2011 und 2014 ganz Brasilien erschüttert. Gomes da Rocha war nach etwa zwei Monaten intensiver Ermittlungsarbeit am 14. Oktober 2014 von einer speziellen Arbeitsgruppe in der Millionenstadt Goiânia, im Zentrum des Landes, ausfindig gemacht worden. Der Wachmann hatte für eine private Sicherheitsfirma gearbeitet und allein mit seiner Großmutter gelebt, in deren Wohnung er festgenommen wurde. Dabei konnten auch sein Motorrad und ein Revolver, Kaliber 38, sichergestellt werden.

Schon kurz nach seiner Verwahrung versuchte Gomes da Rocha, sich mit den Glasscherben einer Lampe die Pulsadern aufzuschneiden, was aber verhindert werden konnte. Man schaffte ihn in die Notaufnahme des Gefängniskrankenhauses und führte ihn – nach einer ersten siebenstündigen Vernehmung – den Medien vor. Tiago Henrique Gomes da Rocha gestand, von seinem Motorrad aus insgesamt 39 Mordtaten an Schülerinnen, Hausfrauen, Obdachlosen und Transvestiten begangen zu haben, an Menschen, die offenbar zur falschen Zeit am falschen Ort gewesen waren. Denn er habe keines seiner Opfer gekannt.

Auf Nachfragen erklärte er, daß er jeweils zuvor ausgiebig dem Alkohol zugesprochen habe. *»Ich hatte alle Wut der Erde in mir«*, fügte er hinzu. An seine Kindheit erinnere er sich nur ungern, weil er in der Schule gemobbt und im Alter von elf Jahren von einem Nachbarn sexuell mißbraucht worden sei. Der Junge war traumatisiert und obendrein grenzenlos wütend auf die Gesellschaft.

Der Polizist Maurício Massanobu Kai beschrieb die Verfassung des Mannes wie folgt: *»Er war verängstigt und suchte immer nach einem Weg, sein Problem zu lösen. Dabei entdeckte er, daß er sich entschieden besser fühlte, wenn er tötete.«*

Begonnen habe die Mordserie im Januar 2011. Gomes sei mit seinem Motorrad durch einen Stadtpark gefahren, als er plötzlich eine Schülerin sah. Wie unter Zwang habe er seinen Revolver gezogen und das Mädchen erschossen. Nach diesem ersten Mord habe er zwar Reue empfunden, diese habe sich alsbald jedoch in Wut verwandelt. So sei es schließlich jedesmal gewesen.

Auf die Spur war ihm die Spezialeinheit der Polizei durch Bilder von Überwachungskameras gekommen, die zeigten, wie er ein Motorradnummernschild stahl. Zweimal war sogar eine Mordszene festgehalten worden: Einmal fuhr er mit seinem Motorrad an einen schlafenden Obdachlosen heran und jagte ihm eine Kugel in den Kopf. Ein andermal erschoß er eine 14jährige, die sich auf dem Weg zu einer Bushaltestelle befand. Zwar war das Bildmaterial qualitativ nicht gut genug gewesen, um eine gezielte Fahndung einzuleiten, doch immerhin hatten die Ermittler erkannt, daß es sich bei dem Täter stets um einen Mann gleicher Statur gehandelt hatte. Als der Kreis der Verdächtigen überschaubar war, konnte der Zugriff erfolgen.

Von dem Mordschützen war nicht viel bekannt gewesen. Er war ledig, hatte keine Freundin und lebte bei seiner Großmutter. Mit seinen kurzen braunen Haaren und den dunklen Augen war Gomes da Rocha ein attraktiver Typ und *»hatte einen sanften Blick«*, wie es allgemein hieß. Wer hätte vermuten können, daß dieser junge Mann nachts auf Menschenjagd ging? Doch Gomes hatte nicht nur Morde begangen, sondern auch Lotterien, Drogerien und Geschäfte ausgeraubt. Das Berauschende war das Gefühl der Stärke, wie er erklärte.

Nachstehend eine Auflistung der 23 Mordfälle, die die Polizei als bewiesen ansieht:

Diego Martins Mendes, 16 (9.11.2011); Edmila Ferreira Borges, 18 (Zeitpunkt unbekannt); ein Ex-Arbeitskollege, ein Vergewaltiger, zwei Prostituierte und zwei Obdachlose in den Jahren 2012 und 2013; Bárbara Luíza Ribeira Costa, 14 (18.1.2014); Beatriz Cristina Oliveira Moura, 23 (19.1.2014); Ariete dos Anjos Carvalho, 16 (28.1.2014); Lílian Sissi Mesquita e Silva, 27 (3.2.2014); Mauro Ferreira Nunes, 51 (28.2.2014); Ana Maria Victor Duarte, 26 (14.3.2014); Wanessa Oliveira Felipe, 22 (23.4.2014); Janaína Nicácio de

Gomes da Rocha wird vor Gericht gestellt.

Souza, 24 (8.5.2014); Bruna Gleycielle de Sousa Gonçalves, 27 (8.5.2014); Carla Barbosa Araújo, 15 (23.5.2014); Isadora Aparecida Cândida dos Reis, 15 (1.6.2014); Thamara da Conceição Silva, 17 (15.6.2014); Rosirene Gualberto da Silva, 29 (19.7.2014); Juliana Neubia Dias, 22 (25.7.2014); Ana Lídia de Sousa Gomes, 14 (2.2014).

»Ich glaube schon, daß er ein Serienmörder ist«, sagte João Gorsk, einer der Ermittler. *»Zum Schluß war ganz eindeutig ein bestimmtes Muster zu erkennen.«* Dennoch äußerte der Anwalt des Verdächtigen erhebliche Zweifel an den Geständnissen. Er war der Ansicht, daß sein Mandant von der Zahl der anwesenden Polizeibeamten eingeschüchtert gewesen sei. *»Er hat nur gesagt, was die Beamten hören wollten«,* argumentierte er. *»Aus meiner Sicht hat er nur einige Raubtaten gestanden.«*

Doch die zuständige Polizei ist sich sicher. Für sie ist die Indizienlage in wenigstens 23 der gestandenen 39 Fälle klar. Tiago Henrique Gomes da Rocha sitzt seither in Untersuchungshaft; der Beginn des Prozesses wurde auf Anfang Februar 2016 festgelegt.

EIN DIPLOMATENSOHN ALS SERIENMÖRDER

Der Fall Pablo Goncálvez (1992)

»Seine Handlungen, welche letztlich in Verbrechen gipfelten, genoß er daher ganz besonders.«

Dem am 6. März 1970 in Bilbao, Spanien, geborenen Pablo José Goncálvez gebührt der fragwürdige Ruhm, der erste Serienmörder Uruguays geworden zu sein. Er wurde im Jahr 1993 wegen dreier Morde zu 30 Jahren Gefängnis verurteilt.

Der Mörder ist der Sohn des am 16. Juli 1992 verstorbenen Diplomaten Hamlet Goncálvez, der das Land Uruguay lange Zeit in Spanien vertreten hat. Im Jahr 1979 kehrten er und sein Sohn Pablo in die Heimat zurück, wo der Junge in der Hauptstadt Montevideo seine Schulausbildung machte. Er erzielte sehr gute Ergebnisse und schrieb sich anschließend als Student der Wirtschaftswissenschaften an der Fakultät der Universität der Republik ein. Doch er vollendete das Studium nicht, sondern eröffnete mit einem anderen jungen Mann im Jahr 1991 in der Calle Lieja eine kleine Motorrad-Reparaturwerkstatt.

Erstmals mit dem Gesetz in Konflikt geriet Goncálvez, weil ihn eine 28jährige Angestellte angezeigt hatte. Nach ihrer Darstellung hatte er ihr angeboten, sie an einem Feiertag wohin zu fahren. Da die öffentlichen Verkehrsmittel nicht ohne Einschränkungen fuhren, willigte sie ein und ließ sich mitnehmen. Im Auto aber habe er sie mit einem Revolver bedroht, mit Handschellen gefesselt und dann vergewaltigt. Als Beweis legte die Frau den Personalausweis ihres Peinigers vor, der ihm bei der Tat entfallen sei. Doch die Anzeige wurde abgeschmettert und Goncálvez ging straffrei aus, weil er behauptete, in gegenseitigem Einverständnis mit der Frau Sex gehabt zu haben. Den Ausweis habe sie ihm ebenso gestohlen wie seine Brieftasche.

Mit knapp 22 Jahren beging der junge Mann, der aussah, als ob er keiner Fliege etwas zuleide tun könnte, seinen ersten Mord. Das Opfer war die 26jährige Ana Luisa Miller Sichero, Dozentin für Geschichte. In den frühen Morgenstunden des Neujahrstages 1992 fiel Pablo über sie her. Nur wenige Stunden später, gegen acht Uhr, wurde ihre Leiche am Strand von Solymar aufgefunden. Die Autopsie ergab, daß sie erwürgt worden war. Ana Luisa war mit dem Ingenieur Hugo Sapelli verlobt, weshalb dieser zunächst des Mordes verdächtigt wurde. Doch ein Lügendetektortest ergab zweifelsfrei, daß er mit der Tat nichts zu tun hatte.

Zweites Mordopfer wurde am 20. September 1992 Andrea Castro, ein 15jähriges Mädchen, das man verscharrt am Strand von Punta del Este fand. Auch sie wurde – nach einem Abend im Tanzclub »England« – erwürgt. Der Täter knotete ihr seine Krawatte um den Hals und zog fest zu. Daß er dieses Accessoire benutzte, entpuppte sich bei einer späteren Hausdurchsuchung als ein grober Fehler des Täters, denn die Krawatte konnte einer Vielzahl an Krawatten desselben Typs zugeordnet werden. Der Staatsanwaltschaft lag damit ein ganz gewichtiges Beweisstück in den Händen.

Die 22jährige María Victoria Williams wurde ebenfalls ermordet, diesmal sogar in der Wohnung Goncálvez' selbst. Schamlos und voller Heimtücke wandte er sich an die junge Frau, die eine Nachbarin von ihm war, und machte ihr vor, daß seine alte Großmutter, die bei ihm lebe, einen Herzanfall erlitten habe. Er bat sie inständig, mit ihm zu kommen, da er allein nicht in der Lage wäre, sie wiederzubeleben. Als María Victoria seine Wohnung betrat, fiel er sogleich über sie her und erwürgte sie. Um ganz sicher zu gehen, daß sie starb, stülpte er ihr noch einen Nylonbeutel über den Kopf und weidete sich am Todeskampf seines Opfers.

Nach dieser Tat flüchtete er ins Nachbarland Brasilien, wo er alsbald festgenommen werden konnte. Nach dessen Überstellung an die zuständige Polizeidienststelle von Montevideo wurde das Strafverfahren eröffnet. Obwohl der Beschuldigte bis zuletzt leugnete, die Morde begangen zu haben, wurde Goncálvez letztendlich überführt und zu 30 Jahren Gefängnisstrafe verurteilt.

Der angesehene und erfolgreiche forensische Psychologe Dr. Gabriel Pombo urteilte über den Diplomatensohn: *»Goncálvez behauptet, Visionen zu haben, er ist ein*

Hedonist, ein Mensch, dessen Handeln vorwiegend von Sinnesgenuß und Lustgewinn bestimmt wird. Er fühlt sich als eine Art Missionar, der seine kriminellen Taten wie Missionen betrachtet, die er zu erfüllen hatte. Seine Handlungen, welche letztlich in Verbrechen gipfelten, genoß er daher ganz besonders.«

Am 6. März 1999 fielen zwei Häftlinge mit Messern über ihn her und stachen auf ihn ein, wohl deshalb, weil Goncálvez auf alle Mithäftlinge nur mit Verachtung blickte. Er hielt sich stets für etwas Besseres und knüpfte zu niemandem Kontakte. Die Verletzungen erwiesen sich nicht als gravierend; bereits am 19. März 1999 konnte er das Krankenhaus verlassen und erneut ins Zentralgefängnis eingeliefert werden.

Der intelligente junge Mann nutzte von da an die Zeit, studierte Rechtswissenschaften und schloß dasselbe erfolgreich ab. Im Jahre 2005 heiratete der dreifache Mörder im Gefängnis; bald darauf bekam das Paar eine Tochter. Sieben Jahre später beantragte die Verteidigung die vorzeitige Entlassung, die das Gericht jedoch ablehnte. Derzeit befindet sich Goncálvez noch immer in Haft.

DIE ZWERGFLEDERMAUS VON BUENOS AIRES

Der Fall Cayetano Santos Godino
(1906–1912)

»Hat man dir nie religiöse Grundsätze beigebracht?« – »Doch, ich bin ja getauft.«

Cayetano Santos Godino wurde am 31. Oktober 1896 in Buenos Aires als elftes Kind der kalabrischen Einwanderer Fiore Gordino und Lucia Ruffo geboren. Bereits das erstgeborene Kind hatte den Namen Cayetano erhalten, war jedoch aufgrund eines Herzfehlers mit nur zehn Monaten gestorben. Mit dem Töchterchen Josefa war die Familie nach Argentinien ausgewandert, wo sie sich bessere

Lebensbedingungen erhoffte. In der Landeshauptstadt wurden weitere neun Kinder geboren, das letzte von ihnen nannten sie erneut Cayetano.

Aufgrund seines zwergenhaften Wuchses und Aussehens wurde der Junge »El petiso orejudo« (»Die Zwergfledermaus«) genannt. Er hatte zweifellos schlechte Gene mit bekommen: Der Vater war Alkoholiker, litt an Syphilis und hatte schwerwiegende gesundheitliche Probleme, die auch das Kind erbte und es bereits in den ersten Jahren mehrmals an den Rand des Todes brachten (unter anderem eine Schleimhautentzündung des Dünndarms). Antonio, einer der Brüder, war Epileptiker.

Der Vater war sehr streng und verprügelte die Kinder regelmäßig. Mit 16 Jahren hatte Cayetano bereits 27 Narben am Kopf, die alle von diesen Schlägen herrührten. Den Großteil seiner Kindheit verbrachte er daher auf der Straße. Mit fünf Jahren wurde er eingeschult. Da er durch Desinteresse und rebellisches Verhalten auffiel, mußte er mehrmals die Schule wechseln. Schon früh zeigten sich sadistische Neigungen, wenn er Katzen quälte, ihnen genußvoll beim Verenden zusah oder fasziniert war, Brände gelegt zu haben.

Bald erkannte man, daß dieser Junge nicht wie andere seines Alters war. Insbesondere zwei Vorfälle wiesen auf schwerwiegende psychische Störungen hin. Am 28. September 1904, Cayetano war sieben Jahre alt, lockte er den zweijährigen Miguel de Paoli an einen abgelegenen Ort, prügelte dort auf ihn ein und stieß ihn anschließend in eine Dornenhecke. Zufällig wurde ein Polizist Zeuge dieses Geschehens, der beide Kinder auf das Revier brachte und sie von ihren Müttern abholen ließ. Knapp ein Jahr später attackierte Cayetano ein eineinhalbjähriges Mädchen aus der Nachbarschaft. Auch diesmal hatte er das Kind an einen einsamen Ort gebracht, an dem er ihm mit einem Stein mehrfach auf den Kopf schlug. Und erneut kam ein Streifenbeamter des Weges, der die Kinder mit auf die Wache nahm. Seines Alters wegen durfte Cayetano noch am gleichen Tag wieder ungehindert nach Hause gehen.

Dann kam der 29. März 1906, der Tag, an dem der Junge seinen ersten Mord beging. Sein Opfer, die dreijährige María Rosa Face, lockte er an eine abgelegene Stelle in der Calle Rio de Janeiro und erwürgte es. Welch ein günstiger Zufall für ihn, daß in der Nähe gerade ein zweistöckiges Haus gebaut wurde und er die kleine Leiche gleich in einer Baugrube »entsorgen« konnte, die er mit Dosen und Erdreich bedeckte. Das Verbrechen blieb unbemerkt. Die Eltern meldeten ihre Tochter als vermißt, sahen sie jedoch nie wieder. Erst Jahre später, nachdem Cayetano die Tat gestanden hatte, »entdeckte« man sie.

Nur wenige Tage danach, am 5. April 1906, erschien Cayetanos Vater Fiore Godino auf dem 10. Polizeirevier von Buenos Aires in der Calle Urquiza 550 und rief: *»Herr Kommissar, bitte, helfen Sie mir, ich kann nicht mehr! Ich werde mit dem Jungen nicht mehr fertig. Er wirft die Fenster unserer Nachbarn ein und schlägt die anderen Kinder*

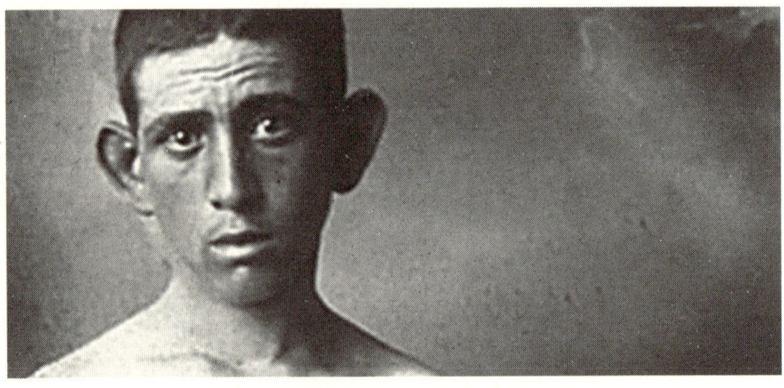

Godino als Junge.

unseres Viertels. [...] Wenn ich ihn einschließe, ist es noch schlimmer, da benimmt er sich wie ein Verrückter. Vor ein paar Tagen habe ich eine Schuhschachtel gefunden. Darin lagen die Kanarienvögel aus unserem Hof, die er getötet hatte. Er hatte ihnen die Augen ausgestochen und die Federn ausgerissen, all das lag darin und die Schachtel hatte er neben mein Bett gestellt.«

Der Kommissar wurde im Haus der Godinos, in der Calle 24 de Noviembre 623, vorstellig und nahm den Jungen mit, um ihn dem zuständigen Richter zu übergeben. Nach einem scharfen Verweis wurde er wieder nach Hause geschickt. Doch Cayetano beging immer unfaßbarere Taten. Am 9. September 1908 nahm er den zwei Jahre alten Severino González mit in einen Schuppen gegenüber einer Schule, in dem es eine Pferdetränke gab. Er tauchte das Kleinkind dort hinein und legte danach ein Brett darüber, um es zu ersticken. Zufällig betrat Zacarías Caviglia, der Hausbesitzer, den Schuppen und verhinderte die Untat. Cayetano redete sich heraus und behauptete, eine ganz in Schwarz gekleidete Frau habe das Kind hierher geschafft; er sei ihr lediglich nachgeschlichen. Caviglia glaubte ihm nicht und lieferte den Jungen bei der Polizei ab. Wieder ließ man ihn am Tag darauf nach Hause gehen.

Nur sechs Tage nach diesem Vorfall entdeckte er in einem Kinderwagen den 22 Monate alten Julio Botte und verbrannte ihm mit einer Zigarette die Augenlider. Die Mutter erschien gerade noch im letzten Augenblick, bevor Schlimmeres geschehen konnte. Cayetano lief schnell davon. Weil sich keine nennenswerte Besserung einstellte, mußte der Junge schließlich im Alter von zwölf Jahren in die Erziehungsanstalt von Marcos Paz eingewiesen werden. Auch nach drei Jahren stellten sich keinerlei Änderungen in seinem Verhalten ein. Positiv war, daß er in dieser Zeit wenigstens etwas Lesen und Schreiben lernte. Wieder kehrte er zu seinen Eltern zurück, die ihm eine Anstellung in einer Fabrik besorgten.

Nach gerade einmal drei Monaten entließ man ihn aus der Arbeit. Von nun an trieb sich Cayetano nur noch herum, jetzt aber in den übelsten Kreisen und Vierteln von Buenos Aires. Zudem begann er zu trinken, was bei ihm zweierlei auslöste: Kopfschmerzen und Mordlust.

Am 17. Januar 1912 trieb sich »El petiso orejudo«, die »Zwergfledermaus«, wie man ihn mittlerweile überall nannte, in der Calle Corrientes herum. In einem Schuppen legte er Feuer, das erst nach etwa vier Stunden gelöscht werden konnte. Dabei war er gesehen und festgenommen worden. Auf dem Revier erklärte er: *»Ich mag Brände und schaue den Feuerwehrleuten gerne zu. Es ist nett, wenn sie ins Feuer fallen.«*

Nur acht Tage nach dieser mutwilligen Brandstiftung wurde der zwölfjährige Arturo Laurora als vermißt gemeldet. Zwar fand man ihn gleich einen Tag später in einem Mietshaus in der Calle Pavón, doch war kein Leben mehr in seinem zerschundenen Körper. Dieser wies heftige Schlagwunden auf und war halb nackt; um den Hals war außerdem eine Schnur gewickelt worden. Der Mörder konnte zunächst nicht ermittelt werden. Im Dezember des gleichen Jahres gestand Cayetano, auch dieses Verbrechen verübt zu haben.

Am 7. März 1912 zündete er die fünfjährige Reina Bonita Vainicoff, die Tochter jüdischer Emigranten, mit einem Streichholz an. Die Kleine stand vor der Auslage eines Schuhgeschäftes, als Cayetano das weiße Kleid des Mädchens in Brand setzte. Obwohl ein Polizist, der die entsetzlichen Schreie des brennenden Kindes hörte, die Flammen ersticken konnte, war es schon zu spät. Reina

Bonita hatte schwerste Verbrennungen davongetragen und starb nach qualvollen Schmerzen sechzehn Tage später im Kinderkrankenhaus.

In den Folgemonaten beging der Junge erneut mehrere Brandstiftungen, wobei es der Feuerwehr stets gelang, die Brandherde zu löschen. Am 24. September 1912 tötete Cayetano im Lagerhaus des Paulino Gómcz, wo cr arbcitete, eine Stute mit drei Messerstichen. Aus Mangel an Beweisen wurde er nicht festgenommen. Nur ein paar Tage danach legte er erneut Feuer, diesmal an einer Straßenbahnhaltestelle. Auch diesmal konnte der Brand rechtzeitig gelöscht werden.

Am 8. November 1912 ging der zweijährige Roberto Russo in der freudigen Erwartung, Bonbons zu bekommen, Cayetano hinterher. Der jedoch brachte den Kleinen zu einer stillgelegten Töpferei in der Nähe, fesselte ihm die Füße und versuchte anschließend, ihn mit einem Hosengürtel zu erdrosseln. Ein Arbeiter beobachte den Vorfall und brachte die beiden Jungen zur nächsten Wache. Cayetano gab vor, den Kleinen bereits gefesselt vorgefunden zu haben; er habe natürlich versucht, ihn loszubinden. Wie so oft kam er aus Mangel an Beweisen frei.

Am 16. November 1912 versuchte der Halunke, die dreijährige Carmen Ghittone brutal zu erschlagen. Dieser Mordversuch konnte dank eines aufmerksamen Streifenbeamten in letzter Sekunde verhindert werden. Cayetano flüchtete.

Nur vier Tage später wollte der Junge die fünfjährige Catalina Naulener an einen abgelegenen Ort der Calle Directorio entführen. Doch die Kleine bekam offenbar plötzlich Angst und weigerte sich, ihm weiterhin zu folgen. Cayetano verlor die Nerven und schlug auf Catalina ein, die laut zu schreien begann. Ein Hausbesitzer wurde aufmerksam und wollte einschreiten. Erneut entwich der Übeltäter.

Cayetano Godinos letzter Mord ereignete sich am 3. Dezember 1912. An diesem Tag verließ der dreieinhalbjährige Jesualdo Giordano sein Elternhaus in der Calle Progreso 2185, um zu seinen Freunden zum Spielen zu gehen. Zur selben Zeit streifte die »Zwergfledermaus« durch das Viertel und entdeckte die Gruppe der Kleinen. Cayetano trat auf sie zu, ohne ihren Argwohn zu erregen, und lockte wieder mit dem Versprechen, süße Bonbons zu besorgen. Zwei Kinder konnte er für sich gewinnen: den kleinen Jesualdo und die zweijährige Marta Pelossi. Als das Mädchen unterwegs Angst bekam, lief es einfach davon. Godino kaufte tatsächlich Bonbons, um Jesualdos mögliche Bedenken zu zerstreuen, und schlug vor, zur Quinta Moreno zu gehen, einem alten und nicht mehr bewohnten Landhaus (an diesem Ort befindet sich heute das Instituto Bernasconi). Kurz vor dem Ziel überlegte Jesualdo es sich anders und weigerte sich hineinzugehen. Plötzlich packte Cayetano ihn mit Gewalt, zerrte den Kleinen ins Innere des Gebäudes und drängte ihn in die Nähe eines Steinofens. Dort warf er Jesualdo zu Boden, drückte ihm ein Knie auf die Brust und versuchte, ihn mit einer langen Schnur, die er normalerweise als Hosengürtel verwendete, zu erdrosseln, indem er sie dreizehnmal um den Hals des Jungen schlang. Doch sein Opfer strampelte verzweifelt, weshalb er es lieber erst an Beinen und Händen fesselte und anschließend in Ruhe ein anderes Mordinstrument suchte. Er fand einen etwa zehn Zentimeter langen Nagel und einen Stein. Sein grausames Werk konnte nicht verhindert werden. Gefühllos trieb er dem Kind den Nagel in die Schläfe. Mit einem Zinkblech deckte er die Leiche zu, dann kehrte er seelenruhig nach Hause zurück.

Als die Kindesleiche entdeckt wurde, fiel der Verdacht zum ersten Mal direkt auf Cayetano Godino, denn er war gesehen worden, wie er den kleinen Jesualdo an der Hand geführt hatte. Bei der Durchsuchung fanden die Beamten Reste der gleichen Schnur in seiner Tasche, mit der er den kleinen Jesualdo hatte erdrosseln wollen, außerdem Zeitungsartikel, in denen von dem schrecklichen Mord berichtet worden war. Jetzt wurde er verhaftet. In der Untersuchungshaft gestand er vier Morde und zahlreiche Mordversuche, so daß der Prozeß relativ schnell abgewickelt werden konnte.

Einer der medizinischen Sachverständigen, der angesehene Psychiater Dr. Domingo Cabred, führte ein längeres Gespräch mit dem knapp 16jährigen, das nachstehend wiedergegeben wird:

Dr. Cabred (CA): *»Wie es aussieht, hast du gut geschlafen.«*
Godino (G): *»Ich schlafe immer gut.«*
CA: *»Und als du den kleinen Jungen erwürgt hast?«*
G: *»Ach ... die erste Nacht nicht, dann aber schon wieder.«*
CA: *»Was hast du gefühlt in der Nacht, als du das getan hast?«*
G: *»Nichts. Der Junge hat mich immer geneckt; er rief seinem Vater immer zu: ›Papa, der war es, pack' ihn, der war es, er hat mich umgebracht.‹«*
CA: *»Sag mir, hat dein Vater viel getrunken?«*
G: *»Seit längerer Zeit nicht mehr, doch früher war er oft besoffen und hat meine Mutter geschlagen.«*
CA: *»Besucht dich deine Mutter?«*
G: *»Nein, Mann, sie schämt sich.«*
CA: *»Wie viele Verbrechen hast du begangen?«*
G: *»Elf insgesamt: drei Morde und acht Mordversuche.«* [Es waren aber vier Morde.]
CA: *»Was fühlst du, wenn du jemanden würgst?«*

 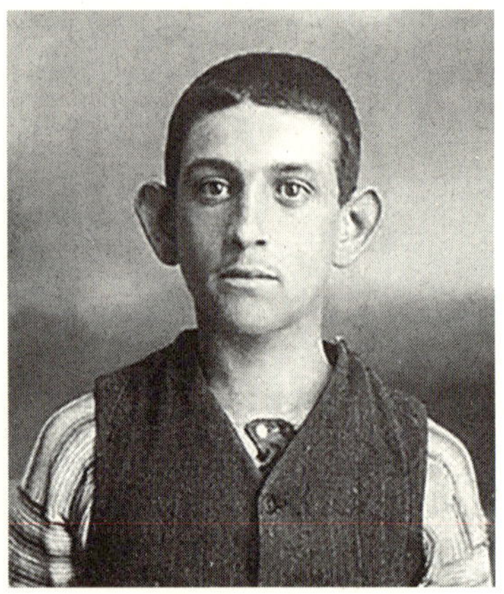

Links: Godino demonstriert einen Tathergang.
Rechts: Godino in der Psychiatrie.

G: *»Ich weiß nicht, es gefällt mir einfach. Außerdem erfaßt mich ein Zittern, da schüttelt es mich richtig. Ich habe das Bedürfnis zu beißen. Den Jungen da habe ich auch mit den Zähnen gepackt, so etwa wie es die Hunde mit Katzen machen. Danach bekomme ich dann immer Durst. Mein Mund und die Kehle sind ganz trocken, sie brennen, wie wenn ich Fieber hätte.«* [...]

CA: *»Und warum hast du Brände gelegt?«*

G: *»Weil es mir gefällt, ich schaue den Feuerwehrleuten gerne zu. Es ist nett, wenn sie ins Feuer fallen! Wenn sie ankamen, habe ich ihnen geholfen und Wasser gebracht.«*

CA: *»Und wie war das mit Diebstählen?«*

G: *»Ich hab's probiert, aber das gefiel mir nicht. Da war ein Bekannter, der hat's mir beigebracht, aber es gefiel mir nicht.«* [...]

CA: *»Wolltest du niemals einen Mann umbringen?«*

G: *»Wenn er gerade geschlafen hätte, warum nicht?«* [...]

CA: *»Würdest du noch mehr Verbrechen begehen?«*

G: *»Nein, Mann. Ich würde meiner Mutter zu viel Verdruß bereiten, die schämt sich ja schon mit mir.«*

CA: *»Hast du schon einmal geweint?«*

G: *»Ja, Mann, aber aus Wut. Ich habe geweint, als mir mal ein Vogel ausgekommen ist.«*

CA: *»Hat man dir nie religiöse Grundsätze beigebracht?«*

G: *»Doch, ich bin ja getauft.«*

CA: *»Oder mit Strafen gedroht?«*

G: *»Ich weiß nicht. Aber hier hat man mir gesagt, daß ich krank bin und daß sie mich deshalb ruhigstellen und behandeln werden. Was für eine Schuld hatte ich dann also, wenn sowieso feststeht, daß ich mich nicht beherrschen konnte?«*

Dr. Cabred stufte Godino nach umfangreichen Untersuchungen als *»schwachsinnig, degeneriert und unzurechnungsfähig«* ein. Richter Dr. Ramos Mejía befand daraufhin ebenfalls, daß der Junge strafrechtlich nicht zur Verantwortung gezogen werden könne und ließ ihn – zunächst auf unbestimmte Zeit – in eine psychiatrische Heilanstalt, die dem Gefängnis unterstand, einweisen. Godinos kriminelle Energie war indes ungebrochen. Auch in der Klinik konnte er sich nicht beherrschen und griff zwei Patienten an: einen Invaliden im Bett und einen anderen, der im Rollstuhl saß. Anschließend versuchte er zu fliehen, wurde aber rechtzeitig gefaßt und erneut vor Gericht gestellt. Diesmal verurteilte ihn die Strafkammer zu einer Haftstrafe auf unbestimmte Dauer im Nationalgefängnis, in der Calle Las Heras.

Im Jahr 1923, zehn Jahre später, verlegte man seine Unterbringung in die Haftanstalt von Ushuaia auf Feuerland, im Volksmund als »Gefängnis am Ende der Welt« bezeichnet. Über die Jahre seiner Gefangenschaft ist wenig bekannt.

Allerdings ist überliefert, daß Godino 1933 die Wut seiner Mithäftlinge heraufbeschwor, als er ein Kätzchen, das allgemein als Maskottchen betrachtet wurde, ins Feuer warf und verbrannte. Sie schlugen ihn halb tot. Godino lag ganze 20 Tage im Krankenhaus.

Basierend auf den Studien des italienischen Wissenschaftlers Lombroso glaubten die Ärzte schließlich, daß die verhängnisvolle Entwicklung Godinos zum Serienmörder entscheidend auf seine abnormen Ohren zurückzuführen sei, weshalb ein ästhetischer Eingriff durchgeführt wurde. Die Operation erbrachte natürlich keinerlei Erfolg. Nach weiteren Untersuchungen hieß es: *»Godino ist ein gefährlicher Verrückter, erheblich degeneriert und pervers; er ist für seine Umwelt außerordentlich gefährlich.«* Aus diesem Grund scheiterte auch ein Antrag auf Freilassung im Jahre 1936.

Im Generalarchiv der Gerichte von Buenos Aires finden sich überdies zahlreiche Berichte und Gutachten, die mehr oder weniger dieselben Erkenntnisse widerspiegeln. So finden sich im Negri-Lucero-Bericht vom 31. Januar 1913 folgende Aussagen:

»Der Angeklagte Godino ist geisteskrank und im strafrechtlichen Sinne nicht zurechnungsfähig.«

»Er ist erheblich erblich belastet; leidet an Schwachsinn und ist äußerst gefährlich.«

»Er ist nicht in der Lage, irgendwelche Verantwortung zu übernehmen.«

Im Victor Mercante-Bericht vom 24. Februar 1913 heißt es unter anderem:

»Cayetano Santos Godino kann nicht lesen und lediglich seinen Namen schreiben. Die Zahlen kennt er nur bis 100. Sein Allgemeinwissen ist sehr schlecht, was auf seine mangelhafte Schulbildung zurückzuführen ist.«

Häftling Godino.

»Er ist im Bereich der Allgemeinschulen absolut anpassungsunfähig; ein gewisser Erfolg hätte sich allenfalls durch den Besuch einer individuell zugeschnittenen Sonderschule eingestellt.«

»Alle Bemühungen, ihn zu einem angemessenen, korrekten Verhalten anzuhalten, sind fehlgeschlagen.«

»Godino ist ein aggressiver Mensch, ohne jegliches Gefühl und ohne Selbstbeschränkung, weshalb er sich auch jeder didaktischen Disziplin widersetzt.«

»Rein äußerlich weist er mehrere degenerative Merkmale auf, vor allem die der Kriminellen.«

»Sinne und Lernfähigkeit weisen keine Anomalien auf, sie wirken normal ausgeprägt. Seine Aufmerksamkeit ist aufgrund des auffälligen Mangels an Empfindsamkeit recht instabil.«

Am 15. November 1944 wurde Godino tot in seiner Zelle aufgefunden; die Umstände seines Todes waren etwas verworren. Offiziell hieß es, daß er an inneren Blutungen verstorben sei, die durch ein Magengeschwür verursacht worden seien. Andererseits lag die Vermutung nahe, daß ihn andere Häftlinge zu Tode geprügelt hatten; sexuell mißhandelt wurde er bereits öfter. Godino hatte in all den Jahren zu niemandem Kontakt gehabt, weder Besuche noch Post erhalten. Seine Taten hat er nie bereut.

Das Gefängnis von Ushuaia wurde im Jahr 1947 geschlossen. Als der Friedhof an einen anderen Ort verlegt wurde, stellte man fest, daß Godinos Gebeine fehlten.

ARGENTINIEN

DER SCHWARZE ENGEL

Der Fall Carlos Eduardo Robledo Puch (1971–1972)

»Eines Tages werde ich wieder herauskommen und dann werde ich euch alle umbringen.«

Carlos Robledo wurde als einziger Sohn von José und Aída Robledo Puch am 22. Januar 1952 in Buenos Aires geboren. Die Familie galt als sehr religiös und gehörte dem bürgerlichen Mittelstand an. Der Vater war Mechaniker bei General Motors. Die deutschstämmige Mutter war manisch-depressiv erkrankt. Aus den frühen Jahren ist nur bekannt, daß der Junge Klavier spielte und neben Spanisch auch Deutsch und Englisch sprach. Er war etwas aufsässig und hatte Probleme mit der Autorität; häufiger Tadel war die Folge. Während der Schulzeit hatte er einen einzigen Freund, offenbar einen Seelenverwandten: Jorge Antonio Ibáñez. Beide schlossen sich schnell zusammen und begingen kleinere Diebstähle, sowohl an Mitschülern als auch in der Schule allgemein. Ibáñez klaute sogar kirchliche Spenden aus dem Klingelbeutel! Eines Tages stahl Robledo ein Motorrad, womit er schnell den Ärger und Verdruß der Nachbarn seines Wohnviertels heraufbeschwor.

Mit 16 gingen die beiden einen Schritt weiter und brachen bei einem Juwelier ein. Doch die Beute war bescheiden: Lediglich etwas Schmuck und ein paar nicht sonderlich wertvolle Uhren fielen ihnen in die Hände. Am 14. Februar 1969 schrieb Robledo sich in der Kunstakademie »José Manuel Estrada«, im Wohnviertel Los Hornos, ein. Da man ihn alsbald des Motorraddiebstahls verdächtigte, mußte er sie jedoch schon nach knapp 20 Tagen wieder verlassen. Bei einem abschließenden Gespräch mit dem Direktor bekannte er, daß alle seine Probleme daher rührten, daß er sich mit seinem Vater nicht verstehe. Dann intensivierte sich seine Freundschaft mit Ibáñez, der ihn zu immer neuen Diebstählen und Raubüberfällen verführte, damit die beiden so leben konnten, wie sie wollten. Beide besuchten gern nahe gelegene Diskotheken, wo Robledo seine ersten erotischen Erfahrungen sammelte. Da sein Aussehen nicht klar erkennen ließ, ob er Mann oder Frau war, wurde er von jungen Männern und Mädchen gleichermaßen »angemacht«. Obwohl er es nie ausdrücklich erwähnt hat, war offensichtlich, daß Robledo das männliche Geschlecht bevorzugte.

Am 15. März 1971 überfielen die beiden jungen Männer die Diskothek »Culpa Tuya« (»Deine Schuld«) und erbeuteten 350.000 Pesos. Doch diesmal begnügte sich Robledo nicht mit dem Raub. Bevor sie flüchteten, erschoß der junge Mann kaltblütig »Chim Chim« Prodo, den Besitzer des Lokals, und den Wachmann mit einer Pistole vom Typ Ruby, Kaliber 32. Beide wurden im Schlaf überrascht.

Am 9. Mai 1971 überfielen die beiden jungen Männer gegen vier Uhr morgens im Stadtteil Vicente López ein Ersatzteile-Geschäft der Fahrzeugmarke Mercedes Benz. In einem Zimmer des Gebäudes entdeckten sie ein Ehepaar mit einem Baby. Wieder feuerte Robledo, denn er wollte keine Zeugen hinterlassen, und traf den Mann tödlich. Die Frau überlebte schwerverletzt, sie konnte später vor Gericht eine entscheidende Aussage machen. Bevor die Räuber flüchteten, gab Robledo auch noch einen Schuß auf die Wiege ab, traf aber das Baby nicht.

Der Wachmann eines Supermarktes in Olivos wurde am 24. Mai das nächste Opfer. Anfang Juni erschoß der jugendliche Killer zwei junge Frauen. Dann griff das Schicksal ein. Am 5. August kam Ibáñez bei einem Autounfall ums Leben, den Robledo verursacht hatte und unverletzt überstand.

Bevorzugte Tatwaffe: Pistole, Kaliber 32.

Drei Monate später setzte Robledo seine mörderischen Raubzüge mit dem 18jährigen Héctor Somoza, seinem neuen Partner, fort. Sie überfielen am 15. November einen Supermarkt, wobei Robledo den Wachmann mit einer geraubten Pistole der Marke Astra Cádiz, Kaliber 32, wie ein Sieb durchlöcherte. Nur zwei Tage nach diesem Mord brachen sie in ein Autohaus ein und ermordeten den Händler; wieder war Robledo der Schütze gewesen. Eine Woche nach dieser Untat überfielen sie einen Händler in Martínez. Robledo erschoß den Mann, dann nahmen sie ihm die Schlüssel ab und raubten eine Million Pesos.

Die Beute versteckte Robledo für gewöhnlich entweder in einem Schuhkarton oder in einem Flügel des Steiner-Klaviers seiner Großmutter. *»Wenn ich Geld brauchte, besorgte ich es mir. Ich hatte sehr viel davon, und doch hatte ich nie etwas«,* sagte er einem Reporter gegenüber. *»Und wissen sie was? Die besten Augenblicke meines Lebens habe ich genossen, wenn ich allein war.«*

Am 3. Februar 1972 brachen die Gauner in eine Eisenwarenhandlung ein; Robledo erschoß den Wachmann. Frustriert über die relativ geringe Summe, geriet Robledo in Rage und beschuldigte seinem Kumpan, ihren Unternehmungen Unglück zu bringen. Bei einem anschließenden Streit zog Robledo die Pistole und brachte Somoza kurzerhand um. Mit einer Lötlampe verbrannte er ihm das Gesicht und die Hände auf so schlimme Art und Weise, daß der Mann nicht mehr zu identifizieren war. Dennoch unterlief ihm ein gravierender Fehler: Er vergaß, dem Toten die Taschen zu leeren, in denen sich die Ausweispapiere befanden.

Am 4. Februar 1972 berichteten alle Tageszeitungen von den schrecklichen Ereignissen. Die Zeitung *Clarín* brachte die Schlagzeile: *»Ein schreckliches Verbrechersyndikat terrorisiert den Norden unserer Stadt: Wachleute werden*

Bei der Festnahme.

umgebracht, um Geschäfte auszurauben.« Die Polizei bestätigte, daß es sich um *»äußerst gefährliche Täter«* handle.

Am 5. Februar konnte die Polizei den Fall erfolgreich abschließen: Über den Namen »Héctor Somoza« war sie auf Robledo Puch gestoßen. Felipe Antonio d'Adamo konnte ihn direkt vor seinem Haus festnehmen. Es dauerte nicht lange und die Ermittler konnten beweisen, daß die Serie der Raubüberfälle und Morde auf sein Konto ging.

Nach seiner Festnahme verlangte die Bevölkerung die Todesstrafe für Robledo. Wochenlang traten alle anderen Ereignisse aus Politik, Sport oder Kunst völlig in den Hintergrund. Seitens der Medien bekam Robledo nahezu täglich neue Beinamen wie *»Die menschliche Bestie«*, *»Das Raubtier«*, *»Engelsgesicht«*, *»Der Henker der Wachleute«*, *»Die rote Katze«*, *»Der Schakal«*, *»Das Monster mit dem Kindergesicht«*, *»Der Engel des Todes«* oder *»Der schwarze Engel«*.

Die Liste seiner Straftaten war unglaublich lang: Elf Morde, 17 Raubüberfälle und zwei Vergewaltigungen hatte dieser 20jährige junge Mann begangen. Die Erste Strafkammer des Schwurgerichtes von San Isidro verhängte deshalb eine lebenslängliche Freiheitsstrafe über den Mörder. Dessen letzte Worte lauteten: *»Das war ein römischer Zirkus! Eines Tages werde ich wieder herauskommen und dann werde ich euch alle umbringen.«*

Es sieht nicht so aus. Carlos Eduardo Robledo Puch, der derzeit mit 63 Jahren im Homosexuellentrakt des Gefängnisses von Sierra Chica seine Strafe verbüßt, ist mit bislang 43 Jahren derjenige argentinische Häftling, der die längste Zeit seines Lebens hinter Gittern verbracht hat. Chancen auf Freilassung bestehen so gut wie nicht, denn der Richter vermochte keinerlei Besserung, Einsicht oder gar Reue zu erkennen. Allein seit dem Jahr 2008 wurden entsprechende Anträge viermal abgelehnt, weil Robledo als nicht resozialisierbar gilt.

ARGENTINIEN

DAS RAUBTIER VON SAN ISIDRO

Der Fall Francisco Antonio Laureana (1974–1975)

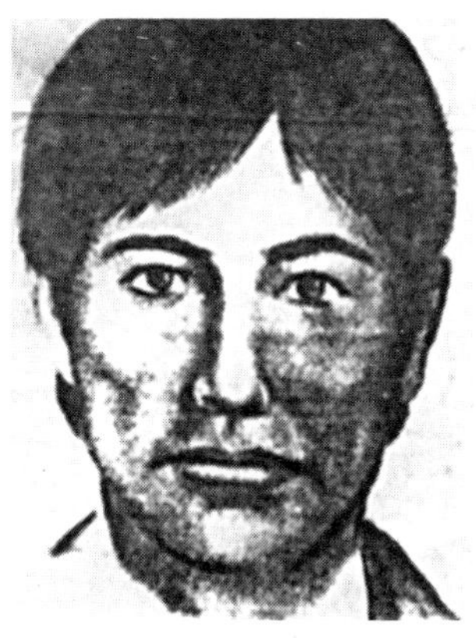

»Er war ein eher schüchterner Typ.«

Francisco Antonio Laureana war ein Vergewaltiger und Serienmörder, der in den Jahren 1974 und 1975 – in einem Zeitraum von knapp sechs Monaten – mindestens dreizehn Frauen im Viertel San Isidro, in Buenos Aires, ermordet hat.

Francisco wurde 1940 geboren. Als Kind war er Zögling einer kirchlichen Schule in der Provinz Corrientes gewesen. Während seines Aufenthaltes muß ihm hart zugesetzt worden sein, da er erhebliche psychische Beeinträchtigungen davontrug. Als Reaktion darauf hatte er eine Nonne vergewaltigt und mit einem Seil an einer Treppe der Schule aufgehängt. Nach der Tat floh er nach Buenos Aires, wo er untertauchte. Er war ein geschickter Handwerker, der sich auf das Schnitzen von Holzfiguren spezialisierte und diese in San Isidro verkaufte. Der Markt wurde in einem kleinen Waldpark in der Nähe einer Kathedrale abgehalten. Die Imitationen von Totems sowie die kunstvoll gedrechselten Gauchos, die Laureana anbot, waren immer sehr begehrt. Sie hatten ihm schnell den Respekt der Händler und die Zufriedenheit der Kunden eingebracht. Die Leute, die ihn kannten, bezeichneten den Mann als ernst, zurückhaltend und gelegentlich etwas mürrisch. *»Er war ein eher schüchterner Typ«,* sagte die Verkäuferin von nebenan, die mit Weihrauch und hausgemachten Kerzen handelte.

Laureana hatte mit 23 Jahren geheiratet; das Paar hatte drei Kinder. Wenn er zur Arbeit ging, bat er seine Frau, sich um die Kinder zu kümmern und sie vor allem nicht auf der Straße spielen zu lassen. *»Dort treibt sich zu viel Gesindel herum«,* pflegte er zu sagen. Nicht zuletzt deshalb wollten weder seine Angehörigen noch Freunde und Bekannte glauben, daß sich hinter der gutbürgerlichen Fassade des Francisco Laureana das »Raubtier von San Isidro« verbergen sollte. Als er am 27. Februar 1975 von der Polizei festgenommen wurde, sollten 15 Vergewaltigungen und elf Morde innerhalb der letzten zehn Monate auf sein Konto gehen.

Sein Vorgehen war simpel gewesen. Wenn er seine Produkte auf dem Markt ausstellte, beobachtete er aufmerksam seine Umgebung und wartete auf eine günstige Gelegenheit. Sie bot sich etwa, wenn ein junges Mädchen allein ein unbebautes Grundstück überquerte oder eine Frau ein Sonnenbad auf einer Terrasse oder im Garten ihres Anwesens nahm. Laureana überfiel und vergewaltigte sie, dann erdrosselte er seine Opfer oder knüpfte sie brutal an einem Seil auf. Lediglich in drei von fünfzehn Fällen gebrauchte er eine Schußwaffe.

Zwei Dinge waren den Ermittlern aufgefallen: Alle Verbrechen waren stets zwischen 18 und 19 Uhr verübt worden, weshalb man dem Täter zynisch attestierte, seine Morde stets pünktlich zu begehen. Außerdem wurde den Leichen immer ein Schmuckstück – sei es ein Ring, eine Halskette oder ein Armband – entwendet.

Dann kam der Januar 1975. Laureana war in ein Haus eingedrungen, in dem er die Besitzerin vergewaltigt und ermordet hatte. Beim Verlassen wurde er von dem Gärtner Ramírez gesehen. Dieser beobachtete den Fremden aufmerksam und prägte sich vor allem dessen Gesicht ein, wohl, weil er ihm recht nervös und auffällig erschienen war. In dieser Situation beging Laureana seinen ersten großen Fehler. Er bekam panische Angst, zog einen Revolver und schoß auf den Gärtner. Doch er verfehlte ihn.

Ramírez erstattete Anzeige. Als die Polizei kurz darauf das Anwesen durchsuchte, entdeckte sie die ermordete Frau. Das Verbrechen trug die Handschrift des »Raubtiers von San Isidro«. Als der Gärtner bei seiner Vernehmung gefragt wurde, ob er den Schützen beschreiben könne, antwortete er leise, aber bestimmt: *»Dieses Gesicht werde ich mein ganzes Leben lang nicht mehr vergessen! Da kann ich Ihnen ganz sicher behilflich sein.«*

Nach den Angaben Ramírez' wurde eine Phantomzeichnung angefertigt, die so präzise wie ein Foto war. Demnach war der Gesuchte schlank und athletisch gebaut; sein Blick war furchteinflößend. Von diesem Tag an hielt die Polizei von San Isidro verstärkt nach ihm Ausschau. Halbnackte Polizistinnen mit blonden Perücken, die es sich in Liegestühlen gemütlich machten, um ein Sonnenbad zu nehmen, versuchten den unheimlichen Mörder zu ködern, hatten jedoch keinen Erfolg damit.

Am 25. Februar 1975 beging Laureana seinen zweiten entscheidenden Fehler. Als er über eine Ligusterhecke in eine Villa eindrang, fiel einem halbwüchsigen jungen Mädchen die Ähnlichkeit des Mannes mit der Phantomzeichnung auf, die sie bei einem Eisverkäufer gesehen hatte. Während sie sofort loslief, um ihre Mutter zu informieren, machte sich der Fremde schon wieder auf die Flucht. Etwa zehn Wohnblöcke von der Villa entfernt, gelang es einer Polizeistreife, den Eindringling ausfindig zu machen. Als die Männer ihn stellen wollten, zog Laureana erneut eine Waffe und feuerte.

Bei der anschließenden wilden Schießerei erlitt der Verdächtige eine schwere Schulterverletzung, die heftige Blutungen auslöste. Obwohl er buchstäblich in letzter Sekunde entkam, konnten ihn die Polizisten in einem Hühnerstall stellen; seine Blutspur war nicht zu übersehen gewesen. Die Beamten brauchten ihn nicht einmal festzunehmen, dafür sorgte der deutsche Schäferhund der Hausbesitzer, der sich laut bellend vor ihm aufgebaut hatte.

Trotz seiner schweren Verletzung leistete Laureana erheblichen Widerstand und schoß weiterhin auf die Polizisten. Denen blieb nichts anderes übrig, als das Feuer zu erwidern. In dem heftigen Gefecht wurde der Mörder schließlich tödlich getroffen; er war nur 35 Jahre alt geworden. Neben dem Toten lagen zwei Hühner, denen er zuvor noch den Hals umgedreht hatte.

Die Morde wurden immer zur gleichen Zeit verübt: mittwochs und donnerstags zwischen 18 und 19 Uhr, zu einer Zeit also, in der kaum Verkaufsumsätze zu erzielen waren, weil die Händler zusammenpackten und das Gelände räumten. Die strikte Trennung zwischen beruflichen Pflichten und perverser Triebbefriedigung belegte eindrucksvoll, daß *»zwei Seelen in einer Brust«* wohnten. Francisco Antonio

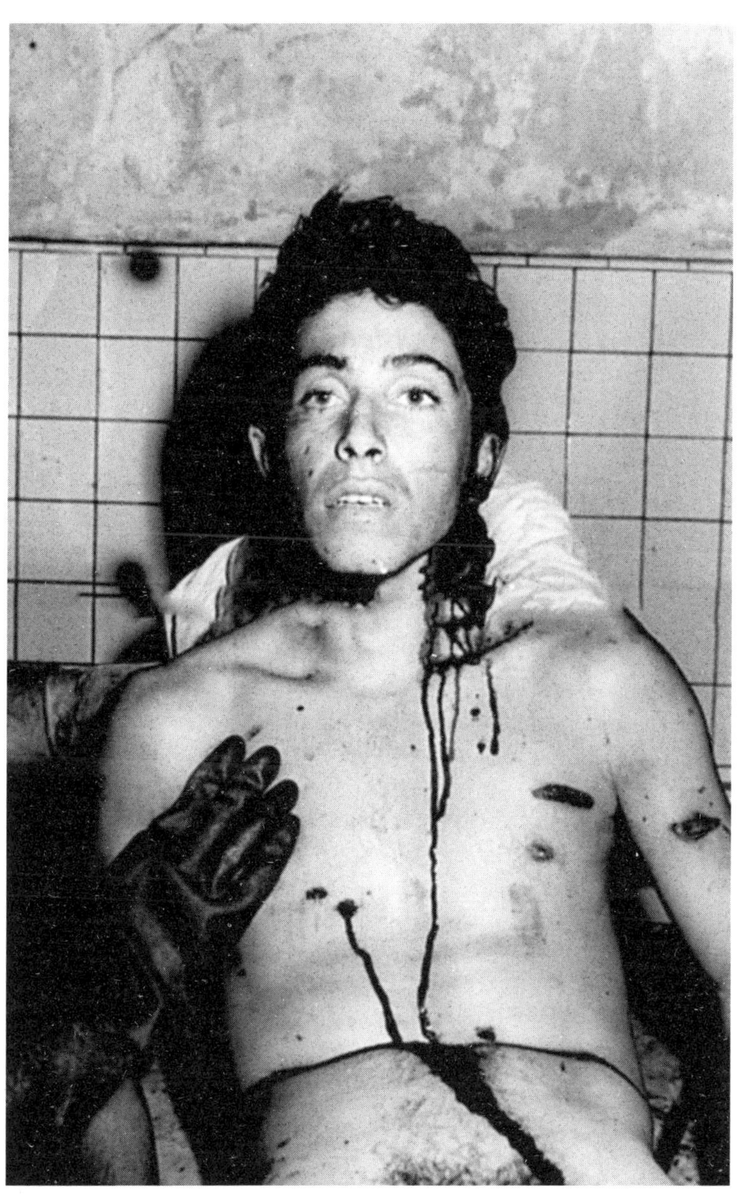

Leichenschau in der Gerichtsmedizin.

Laureana war eine Art Dr. Jekyll und Mr. Hyde in einer Person. Entweder war er der ehrenwerte und untadelige Handwerker oder aber das »Raubtier von San Isidro«, aber niemals beides zur selben Zeit.

Das eigentliche Motiv für Laureanas Mordserie konnte nicht zweifelsfrei geklärt werden. Ein Raubmörder im engen Sinn war er nicht, eher ein psychopathischer Trophäenjäger, den es gelüstete, persönliche Erinnerungsstücke seiner Opfer mitzunehmen und in einem Stiefel bei sich zu Hause zu verwahren. Der Gerichtsmediziner Osvaldo Raffo kommentierte: *»Laureana war wohl eher ein Fetischist. Er genoß es, an Tatorte zurückzukehren und sich an die Vorgänge peinlich genau zu erinnern.«*

Die Ehefrau des »Raubtiers von San Isidro« wollte nicht wahrhaben, daß ihr Gatte der gesuchte Mörder sein sollte. *»Das kann nicht sein!«* rief sie ein ums andere Mal. *»Es ist unmöglich, daß mein Mann all das getan haben soll. Er war ein vorbildlicher Vater, ein guter Ehemann und ein Handwerker, der seine Arbeit geliebt hat. [...] Das Einzige, was man ihm vorwerfen kann, ist, daß er öfter mal wie ein Verrückter mit seinem roten Fiat bei Rot über Kreuzungen gefahren ist. Darum wollte auch so gut wie nie jemand mit ihm fahren.«* Doch die beiden Pistolen und der Revolver, die man in der Tasche des Toten fand, sowie der Stiefel mit den gesammelten Erinnerungen ließen sie letztlich die Wahrheit erkennen.

QUELLEN UND LITERATUR

MEXIKO

DER MEXIKANISCHE RIPPER

Norma Lazo: *Sin clemencia. Los crímenes que conmocionaron a México*. Mexiko-Stadt 2007; Gerardo Villadelangel Viñas: *1888, El Chalequero*. Mexiko-Stadt 2008; Ricardo Ham: *México y sus asesinos seriales*. Mexiko-Stadt 2007.

DIE KINDERZERSTÜCKLERIN VON MEXIKO-STADT

Norma Lazo: a. a. O.; Guatelupe Gutiérrez/Roberto Coria: *La Ogresa de la Colonia Roma*. In: *Criminales famosos* vom 20.11.2009 (Audio/Spanisch). Carlos Manuel Cruz Meza: *Monstruos entre nosotros*. Mexiko-Stadt 2014.

DER WÜRGER VON TACUBA

Ricardo Ham: *El estrangulador de Tacuba; hallan a las víctimas*. In: *Distrito Federal* vom 8.9.2014; Miguel Gil: *La cuarta víctima del troglodita estudiante*. In: *La Prensa* vom 9.9.1942; Vicente Leñero: *Las muertas de Goyo*. In: *El Libro Rojo*, Band II. Fondo de Cultura Económica. Mexiko-Stadt 2008.

DAS BORDELL DER HÖLLE

Norma Lazo: a.a.O.; Ricardo Ham: a. a. O.; Jorge Ibargüengoitia: *Las muertas*. Mexiko-Stadt 1977; Zeitschrift *Las Poquianchis*, Nr. 145 vom 22.2.1994.

GUATEMALA

DIE BESTIE VON GUATEMALA

Jorge Godínez: *Miculax*. Guatemala-Stadt 1991; Eduardo Blandon: *Miculax*. In: *Albedrío Guatemala* vom 12.11.2006; *El Monstruo de Guatemala*. In: *La Voz* vom 14.4.2013; *José Miculax Bux, el Monstruo de Guatemala*. In: *Enciclopedia de los asesinos en serie* vom 23.5.2012; *El Monstruo de Guatemala*. In: *Diario La Voz* vom 14.4.2013.

EL SALVADOR

TAVO DER BANDENCHEF

Roberto Valencia: *La esposa de El Directo.* In: *Sala Negra* vom 1.9.2013; *El fin de una saga criminal.* In: *ContraPunto* vom 2.9.2013; Litzardo Rivas: *Condenan a 15 años de prisión a homicidas del líder pandillero »El Directo«.* In: *FGR* vom 7.12.2013.

KOLUMBIEN

DAS MONSTER DER ANDEN

Michael Newton: *López, Pedro Alonso.* In: *Die Große Enzyklopädie der Serienmörder,* Graz 2005. David Lohr: *Pedro López: The Monster of the Andes.* In: *CrimeLibrary* (o. J.). *Pedro Alonso López, The Monster of the Andes Serial Killers Crime* (full documentary). In: *Youtube.*

DAS TIER

Juan José Cañas/Angela Tapias: *En los laberintos mentales de Garavito.* Bogotá 2012; Cruz Meza, Carlos Manuel: *Monstruos entre nosotros.* Mexiko-Stadt 2014; Esteban Cruz Niño: *Los monstruos en Colombia sí existen.* Bogotá 2013; Mark Benecke: *Der Serientäter Luis Alfredo Garavito.* In: *Historische Serienmörder.* Hg. v. Michael Kirchschlager, Arnstadt 2006, S. 212–233.

PERU

DER APOSTEL DES TODES

Pedro Nakada, el apóstol de la muerte. In: *Asesinos en serie* vom 23.10.2013; *Pedro Pablo Nakada, el mayor asesino en serie del Perú.* In: *Telégrafo* vom 1.11.2013; *El apóstol de la muerte que escuchaba la voz de Dios.* In: *La Cuarta, el diario popular* vom 21.2.2011; *Especial: Pedro Pablo Nakada Ludeña – el ángel de la muerte.* In: *Noticias en Huaral* vom 16.2.2011; Horacio B. Rivera: *Pedro Pablo Nekada* (sic!), *el apóstol de la muerte.* In: *El archivo del crimen* vom 14.11.2010.

ECUADOR

DIE BESTIE VOM MANGROVENWALD

Daniel Camargo Barbosa – El Monstruo de los Manglares. Interview in *Youtube;* José Comas: *El sádico del Chanquito.* In: *El País* vom 7.2.1988, Guayaquil; *Daniel Camargo Barbosa: la Bestia de los Manglares*. In: *Escalofrío*. Madrid o. J.; McBanye: *Daniel Camargo Barbosa*. In: *Serial Killer's Archive* vom 29.5.2009.

EIN FÜNFZEHNJÄHRIGER SERIENMÖRDER
El niño del terror mataba a balazos. In: *El Telégrafo* vom 13.6.2014; *El niño del terror fue acusado a 22 crímenes*. In: *El Diario* vom 12.7.2013; *El fin del niño malo*. In: *Vistazo*, Nr. 685 vom 7.3.1996; Milena Almeida Mariño: *Monstruos construídos por los medios: Juan F. Hermosa, el niño del terror*. Quito 2003.

BOLIVIEN
DER MÖRDER VON SUCRE
Jaime Benjamín Cárdenas Pardo: El Jimmy. In: *Asesinos en serie* vom 9.12.2013; *Jaime Cárdenas: La historia del asesino de universitarias*. In: *Historia de crímenes* vom 17.10.2014; *La parte oscura de la mente: Jaime Benjamín Cárdenas Pardo – El asesino de Sucre*. In: *El Observador* vom 22.11.2012; Edda Pujadas: »*El Jimmy*« *asesinó a 30 personas en Bolivia*. In: *La Voz* vom 28.8.2012.

CHILE
DER SCHAKAL VON NAHUELTORO
El fusilamiento del Chacal de Nahueltoro. In: *El Mercurio en el tiempo* vom 28.4.2013; Manuel Torres Abarzúa: *Chacal de Nahueltoro exterminó a conviviente y sus 5 hijos*. In: *La Cuarta* vom 7.6.2006.

DIE KILLER VON VIÑA DEL MAR
Ricardo Ruiz: *El cronómetro de la muerte*. Valparaíso 2013; *Luis Gabler Diaz – Historia del caso. Torturado e injuriado*. In: *Revista Ercilla* vom 5.1.1983; *A 30 años de los crímenes preparan un documental sobre los psicópatas de Viña*. In: *Crónica de hoy* vom 24.2.2012.

DER MÖRDER VON ALTO HOSPICIO
Marcela Águilar: *Julio Pérez Silva, el asesino de Alto Hospicio*. In: *Emol* vom 21.12.2001; Raúl Núñoz Gávez: *El psicópata de Alto Hospicio*. In: *IIEE, Archivos policiales. La fría confesión del psicópata de Alto Hospicio*. In: *La Estrella de Arica*, 27. Jg., vom 8.2.2004.

BRASILIEN

PEDRINHO DER TOTSCHLÄGER

Ilana Casoy: *Serial Killer, Made in Brazil.* São Paulo 2009; Ilana Casoy: *Serial Killers – Louco ou cruel?* São Paulo 2008; Pedro Rodrigues Filho – Pedrinho Matador. In: *Asesinos en serie* vom 19.12.2012; *Serial Killers: Pedrinho, o Matador, é Preso em Santa Catarina.* In: *O Aprendiz Verde* vom 15.9.2011.

DIE BESTIE VON MARANHÃO

Francisco das Chagas Rodrigues de Brito, o »Caso dos Meninos Emasculados«. In: *Face obscura* vom 8.9.2013; Ilana Casoy: a. a. O.; Jerónimo Teixeira: *Perfil: Ele matava, abusava, mutilava.* In: *Revista Veja* vom 10.1.2007; Glaucio Ericeira/Suzanna Beckman: *Francisco das Chagas condenado a 20 anos de prisão.* In: *Jornal Imparcial* vom 26.10.2006.

DER VERRÜCKTE MIT DEM FAHRRAD

Ilana Casoy: *Serial killers – made in Brazil.* E-Book 2014; Reginaldo Carlota: *O matador de Crianças.* São Paulo 2010.

DER VAMPIR AUS NITEROI

James Marrison: *The World's Most Bizarre Murders.* London 2008; *Marcelo Costa de Andrade.* In: *Mundo Mau* vom 5.9.2009; *Os maiores serial killers brasileiros.* In: *Isso é bizarro* vom 10.7.2011.

MORD IM PARK

Edilson Bonfim Mougenot: *O Julgamento de um Serial Killer: O Caso do Maniaco do Parque.* o. O., 22010; *Francisco de Assis Pereira: O Maníaco do Parque.* In: *Memorias Assombradas. Crimes que chocaram o mundo* vom 27.1.2013; Luisa Alcalde/Luis Carlos Dos Santos: *Caçada ao Maníaco do Parque.* São Paulo 1999.

MORD AUS SPASS

Ben Bland: *Brazil Serial Killer das Graças Alleges 42 Deaths in a Decade.* In: *BBC* vom 11.12.2014; Nick Allen: *Brazil Psychopath Serial Killer Strangled 38 Women for Fun.* In: *The Telegraph* vom 12.12.2014; *O retrato do assassino que confessou 42 mortes.* In: *El País* (Brasil) vom 14.12.2014.

DER MÖRDER MIT DEM SANFTEN BLICK

Vigilante que confessou 39 mortes fazia ›lista mental‹ das vitimas. In: *Estão Brasil* vom 17.10.2014; *Brasilien: Fühlte sich der Serienkiller von Frauen abgewiesen?* In: *Die Welt* vom 17.10.2014; *Serienkiller in Brasilien: Er sieht aus wie ein Model und gesteht 39 Morde.* In: *Berliner Kurier* vom 17.10.2014.

URUGUAY

EIN DIPLOMATENSOHN ALS SERIENMÖRDER

Gabriel Pombo: *Historias de asesinos.* Montevideo 2010; *La Cárcel Central se vistió de gala.* In: *La Red 21* vom 8.7.2005; *Desde la prisión se declara inocente de las tres muertes: Pablo Goncálvez.* In: *La Red 21* vom 18.8.2000.

ARGENTINIEN

DIE ZWERGFLEDERMAUS VON BUENOS AIRES

Leonel Contreras: *Leyenda del Petiso Orejudo.* Buenos Aires 2003; Marcelo Vallejos: *Los crímenes de Petiso Orejudo.* In: *Todo es Historia,* Nr. 312, S. 8, 1993; Marisa Moreno: *El Petiso orejudo.* Buenos Aires 1994.

DER SCHWARZE ENGEL

Osvaldo Soriano: *El caso Robledo Puch.* Buenos Aires 1999; Carlos Manuel Cruz Meza: *Monstruos entre nosotros.* Veracruz (Mexiko) 2014; *Robledo Puch, el ángel negro.* In: *La Nación* vom 5.3.2006; Rodolfo Palacios: *El ángel negro. Vida de Carlos Robledo Puch, asesino serial.* Aguilar, Córdoba 2010.

DAS RAUBTIER VON SAN ISIDRO

Paulo Kablan: *Francisco Laureana, el serial de San Isidro.* In: *Diario Popular* vom 2.2.2014; Edda Pujadas: *Violó y asesinó a 15 mujeres.* In: *La Voz* vom 1.12.2013; Rodolfo Palacios: *Francisco Antonio Laureana: el asesino puntual.* In: *Identikit* vom 15.11.2010.

NACHWORT

Nach den erfolgreichen ersten fünf Bänden der *Totmacher*-Reihe von Gerd Frank war der Autor auch in Band 6 bemüht, je nach Materiallage, möglichst flächendeckend vorzugehen. Er hat deshalb den Raum Mittelamerika mit Mexiko, Guatemala, El Salvador und Costa Rica abgedeckt. Südamerika ist vertreten durch die Länder Kolumbien, Ecuador, Peru, Bolivien, Chile, Brasilien, Uruguay und Argentinien.

Südamerika hat in den letzten Jahrzehnten eine ganze Reihe der schrecklichsten Serienmörder der Weltgeschichte hervorgebracht, was nicht zuletzt an den katastrophalen politischen Entwicklungen und Systemen liegt. Wie stark Drogenkartelle und andere höchstgefährliche kriminelle Vereinigungen und Banden große Teile Mittel- und Südamerikas im Würgegriff haben, zeigt die Verschleppung und Ermordung von 43 Studenten im Herbst 2014.

Es waren Polizisten, die die Studenten am 26. September 2014 in der Stadt Iguala angriffen und sie den Guerreros Unidos (Vereinigte Krieger), einer Drogenbande, übergaben. Mehrere Bandenmitglieder räumten ein, die jungen Männer getötet und ihre Leichen verbrannt zu haben. In den feigen Massenmord waren Polizisten und hochrangige Politiker involviert.

Es tobt ein innenpolitischer Krieg in Mexiko, der mittlerweile Zehntausende zur Flucht trieb. Doch nicht nur in Mexiko treiben kriminelle Banden ihr mörderisches Unwesen. Mächtige schwerbewaffnete Kartelle, der Polizei zahlenmäßig überlegen, kämpfen um Schmuggelwege in die USA. Hinzu kommen Schutzgelderpressung, Raub und Auftragsmorde. Besonders Guatemala, El Salvador und Honduras mit ihren hohen Armutsraten und korrupten Strukturen stehen einem staatsbedrohenden Kriminalitätsproblem gegenüber.

Die Kriminalität, die Gerd Frank in diesem Band beschreibt, darf nicht losgelöst von den in Südamerika herrschenden politischen, sozialen und gesellschaftlichen Bedingungen und ihren Verflechtungen mit den USA gesehen werden.

Massenhafte Morde – lassen wir die unterschiedlichen Motivationen Nebensache sein – stehen in Südamerika auf der Tagesordnung. Die politischen und gesellschaftlichen Systeme sind aus den Fugen geraten. Polizei und Justiz sind unterwandert, korrupt, überfordert. Arbeitslose Jugendliche sind für die kriminellen Schlepper und Anführer leicht zu rekrutieren. Waffen werden aus den USA, dem Hauptabsatzmarkt der Drogen, beschafft.

Und inmitten der brutalen Auseinandersetzungen zwischen Staat und Drogenkartellen oder den Kartellen untereinander gelingt es Serienmördern relativ einfach, ihr mörderisches Unwesen zu treiben. Anders lassen sich die massenhaften Morde von Pedro Alonso López oder Luis Garavito nicht erklären. Diese Mörder haben die Möglichkeit zu dutzendfachen, ja hundertfachen Morden.

Es sind die gesellschaftlichen Mißstände, die eine abnorme Kriminalität produzieren. Mehr als eine Million Menschen in Rio de Janeiro hausen in Favelas, in Elendsvierteln. Hier »leben« zehntausende Kinder vom Betteln, Stehlen – oder sie machen sich als Drogenkuriere und Kindersoldaten verdient. Die Armut hat von Südamerika Besitz ergriffen, und mit ihr eine ungeheure Kriminalität.

Am 12. November 2013 veröffentlichte das Entwicklungsprogramm der Vereinten Nationen (UNDP) seinen »Bericht zur menschlichen Entwicklung 2013–2014« zu Lateinamerika.*

---

* Nach Alice Kohn: UN-Bericht: Kriminalität in Lateinamerika gestiegen. Bericht über menschliche Entwicklung in Lateinamerika veröffentlicht. Steigende Unsicherheit behindert das Wachstum in der Region. Auf: amerika21 – Nachrichten und Analysen aus Lateinamerika v. 19. November 2013.

Dieser beruht auf Studien, die in 18 lateinamerikanischen Ländern durchgeführt wurden. Größtes Problem für die Region sei demnach die innere Unsicherheit, die die soziale und wirtschaftliche Entwicklung behindere. Die soziale und ökonomische Situation der Bevölkerung müsse verbessert werden, um kriminelle Machenschaften zu reduzieren. Außerdem müßten Sicherheits- und Rechtsinstitutionen gestärkt werden.

In dem Bericht wird von einem »Paradoxon in der lateinamerikanischen Entwicklung« gesprochen: Trotz anhaltenden Wirtschaftswachstums im vergangenen Jahrzehnt und trotz sozialer Verbesserungen ist die Kriminalität gestiegen. Dies sei unter anderem auf die weiterhin bestehende Ungleichheit zurückzuführen.

Seit dem Jahr 2000 wurden in Lateinamerika über eine Million Menschen ermordet. Die Zahl der Raubüberfälle habe sich in den letzten 25 Jahren verdreifacht. Die Wahrnehmung von Unsicherheit in der Region sei stark angestiegen.

Sechs sich überlappende Sicherheitsprobleme wurden herausgearbeitet: Straßenkriminalität, Kriminalität und Gewalt von Jugendlichen/gegen Jugendliche, geschlechtsbezogene Gewalt, Korruption, staatliche Gewalt und organisierte Kriminalität.

Die steigenden Konsumerwartungen zusammen mit mangelnder sozialer Mobilität schufen eine »aufstiegsorientierte Kriminalität«, die durch ein schnelles und unorganisiertes Städtewachstum, durch sich wandelnde Familienstrukturen und Defizite im Bildungssystem befeuert wird.

Junge Männer sind am häufigsten von Gewalt und Kriminalität betroffen und stellen gleichzeitig den größten Anteil an Gewalttätern. Laut der Weltgesundheitsorganisation WHO hat El Salvador mit 92,3 Todesfällen pro 100.000 Einwohner zwischen zehn und 24 Jahren die höchste Jugendmordrate der Welt, gefolgt von Kolumbien (73,4), Venezuela (64,2), Guatemala (55,4) und Brasilien (51,0).

Bei der geschlechterspezifischen Gewalt registriert der Bericht einen Anstieg der häuslichen Gewalt, der Vergewaltigungen und Frauenmorde in fast allen Ländern. Zwischen 75 und 90 Prozent der Täter kannten demnach ihre Opfer vor der Straftat, 20 bis 40 Prozent der Gewaltakte wurden durch Familienmitglieder begangen.

Die UNDP hat zudem Studien in Gefängnissen in Argentinien, Peru, Chile, El Salvador und Brasilien durchgeführt. Dabei wurde festgestellt, daß im Schnitt jeder dritte Insasse sein Zuhause verlassen hat, bevor er 15 Jahre alt war, und daß zwischen 13 Prozent (Argentinien) und 27 Prozent (El Salvador) der Insassen niemals ihren Vater oder ihre Mutter kennengelernt haben. 40 Prozent der Insassen in Chile haben ihre Grundschulausbildung nicht abgeschlossen. Die Ergebnisse der Studien belegten den engen Zusammenhang zwischen sozialen Problemen und Kriminalität.

Die hohe Kriminalität hemmt die soziale und wirtschaftliche Entwicklung. Im Jahr 2010 kosteten Gewalt und Kriminalität das Land Honduras 20,54 Prozent des Bruttoinlandsproduktes (BIP), Paraguay verzeichnet einen Verlust von 8,7 Prozent, in Chile sind es rund drei Prozent des BIP.

Die nur halbherzig geführte Sicherheitspolitik der »harten Hand« funktionierte nicht. Offensive Polizeieinsätze und harte Strafurteile fielen oft mit steigenden Kriminalitätsraten zusammen. Korruption, Straffreiheit und Unverhältnismäßigkeit im Strafmaß schwächten die Effektivität und Legitimität von staatlichen Akteuren. Ob aber »Sicherheitsabkommen zwischen Regierung, politischen Parteien und der Zivilgesellschaft«, wie es der UNDP-Regionaldirektor für Lateinamerika und die Karibik, Heraldo Muñoz, forderte, helfen, bleibt fraglich.

KIRCHSCHLAGER

Seit 1995 im Dienste des True Crime

Weitere lieferbare Buchtitel finden Sie bei

www.Verlag-Kirchschlager.de

IMPRESSUM

1. Auflage Arnstadt 2016

Satz: Nicole Laka, Hamburg
Lektorat: Janine Kaitzl, München
Druck und Bindung: PBtisk s. r. o., Příbram

ISBN 978-3-934277-61-8